はじめに

家事なんてなくなればいい？

まず断っておくが、私、家事は得意でもなんでもない。むしろ苦手である。というか、得意とかそうでないとかいう以前に「永遠の敵」と認定して生きてきた。それはきっと私だけではなかろう。この効率重視の世の中において、いくら頑張っても1円のお金も稼げず、世間に評価もされず、だがそうはいっても結局は誰かがやらなきゃならず、しかもやってもやっても終わりがないとなれば、これはもう何かの罰のよう。私が一体何をしたというのかと呪われた人生に抗議したくもなる。

というわけで、現代における家事をめぐる論争といえば、テーマは、もっぱら「誰が家事をやるのか」。できることなら家事から逃れたいという点では皆一致して同意見なのだ。分断と多様化が進む時代に、これほど国民こぞって意見が一致することも珍しい。家事ってそれほどの嫌われ者。つづめて言えば、「家事なんてこの世からなくなればいい」と誰もが思っているわけです。

ところが。

私はとあるきっかけから、100%宗旨替えをすることとなった。国民的同意事項にきっぱりと反旗を翻したのである。

「家事なんてなくなればいい」なんて言っている場合じゃない。むしろ家事は我先にと「取り合う」べきものである。なぜかと言えば、老若男女問わず、何をおいても家事をする者、すなわち「自分の身の回りの世話は自分でやる者」こそが人生の真の勝者となるのだ。特にこの、疫病やら戦争やら災害やらが息つく間もなく襲ってくる、一寸先はどうなるか誰にもわからない、レールに乗っていればそこそこの幸せが手に入るなんていう牧歌的なことはもう誰にも望めない、自らの人生すら予測もコントロールもできない混迷の時代に、家事を誰かに押し付けてラッキーなんて言っていたら、いつの間にやら無間地獄へまっさかさまと覚悟しておくべきである。

私がそのことに気づいたのは、50歳で、これといった仕事の当てもないまま大企業を辞めた時だった。

自ら選んだこととはいえ、大口を開けて待っていたのはまさに「一寸先の闇」。いやね、そもそも背伸びして潜り込んだ会社だったから、競争と重圧に耐え続ける日々からエイと脱出を果たしたまではよかったのだ。だが物事とは良い面があれば必ず悪い面もついてくるもので、30年ぶりの解放感と引き換えに「ある日突然給料が振り込まれなくなる」という非常事態がやってきた。

これはどう考えても大事である。だってお金さえあれば幸せが手に入るのが現代社会。逆に言えば、お金がなくなればたちまち不幸が待っているに違いないではないか。

さてどうするよ。苦しみから逃れたつもりが、実は新たな苦しみが始まるのか？　結局は「カネはあるけどヒマはない」暮らしから、「ヒマはあるけどカネはない」暮らしへと移行しただけ？　私が求めていたのはもちろんそんなことじゃない。ラクしてお金の心配もせず幸せに生きたいのである！　……いやまあ、考えたら誰だってそうですよね。そんな虫の良すぎることが叶うはずないからこそ皆日々苦労しているのだ。そんな夢みたいなことが簡単にできるなら、この世のほとんどの不幸はたちまち消滅、というか、そもそも存在すらしていないだろう。

ところが。

恐る恐るフタを開けてみたら、そんな虫の良すぎることが、なんと案外ちゃっかりと叶ってしまったのである。

私を救ったのは「家事」だった。

家事など得意でもなんでもないが、それでも単身生活30年ともなれば最低限の炊事洗濯掃除くらいはできた。で、たったそれだけのことで、給料が振り込まれずとも、ふと気づけば日々それなりにうまいものを食べ、さっぱりとした服を着て、片付いた部屋で暮らすことができていたのだ。

いや……人生案外これで十分なんじゃないか？　っていうか、よく考えたらこれを「豊かな暮らし」と言うんじゃ……？

ってことは、「幸せ」って実は自給できたのか？

そう家事さえできたなら。

ってことは、人生の必需品は、お金じゃなくて、まさかの家事だったってこと？

私はあまりのことに声も出なかった。

だって、私はずっと、お金を稼ぐためには人生の貴重な時間を歯を食いしばって耐え難きを耐えて過ごすのが当然で、それこそが大人というものであり、そのような苦難の果てにようやく幸せが手に入るのだと心から信じて生きてきたのだ。なのに、もしかするとそんな必要なんてなかったってことなのか……？　だってお金など経由せずとも、家事さえできれば幸せはすでに「今ここ」にあったのだ。なんということだろう。お金を稼ぐには家事時間など無駄でしかないと思ってきたが、実は全くの逆だったのかもしれない。むしろ「家事さえできれば、お金を稼ぐ時間なんて無駄」だったんじゃないだろうか。何しろ家事さえできれば、何は無くとも自分の幸せは自分の手でちゃんと作り出すことができるのだ。となれば、あとはお金にとらわれることなく、自由に、好きなように、のびのびと生きれば良いのである。いや……そうだよ。思い返せば私はこれまで一度とて、今のような「豊かな暮らし」をしたことがあっただろうか。

ずっと、お金を稼ぐことと、そのお金で素敵なものを買うことが忙しくて、家事はいつでも後回しだった。故に、いつも食べきれないもので冷蔵庫は溢《あふ》れかえり、着きれない洋服でクロゼットはぱんぱんとなり、その他様々の溢れかえるモノたち

くる。

それが会社を辞めて、お金を稼ぐ時間も使う時間もグッと減ったとたん、忙しさもモノも減り、家事は急にとてつもなくラクになった。これまでの家事の労苦を100とするならば、1くらいの労力でこなせるようになったのだ。ってことで、毎日ちゃっちゃとその「ラクな家事」をして、毎日ちゃっちゃと「豊かな暮らし」を簡単に自給して生きている。こうなってくると、あんなに嫌いだった家事があろうことか楽しくなってきた。つまりは暮らしの中から耐え忍ぶ時間というものが消えた。生きている時間が全て楽しいのである。

あれ……楽しく生きるって、こんなに単純なことだったの?

その「あまりのこと」に気づいてからというもの、私の人生は180度変わってしまった。

何しろ、私はすでに幸せなのだ。となれば、何を置いてもこの幸せをキープすることが第一である。広すぎる家や多すぎるモノなどは、せっかく手に入れたラク家事を大変にしてしまう「不幸を呼ぶ原因物質」にしか見えなくなった。そう考えたら、家賃とわずかな食費を稼げれば十分なのである。そう見定めたら目の前がパッと明るくなった。ずっと絶対逃れることができないと思っていた、お金がいくらあっても足りないという不安も、あれも欲しいこれも欲しいという際限のない欲望も、他人を羨んで焦ったり落ち込んだりすることも、つまりは人生につきものとあきらめていた巨大なストレスが一切ない人生が転がり込んできたのである。

こうして私は以下のように確信したのだ。

この不確実で、成長も期待できず、なのに１００年も生きなきゃならないおっそろしい世の中をなんとか生き抜くための最強アイテムとして、ほとんどの人が懸命にお金を貯めようとしている。でも、そもそもお金を稼ぐことも貯めることも難しくなったからこそこんな不安な時代になっているのであって、今や、お金にばかり頼って幸福な人生を全うするのは途方もないミッション・インポッシブルである。

我らに必要なのは、お金に取って代わる人生の必須アイテムではないだろうか。「○○さえあれば人生何とかなる」の「○○」に入る「お金」以外の何かを発掘せねばならない。

そう、それが家事なのだ。

とはいえ、急にそんなこと言われても、とてもじゃないが信じられないという方も多数おられよう。

当然のことと思う。何しろ、人生における最大の相棒を、誰もが大好きな「お金」ではなく、誰もが大嫌いな「家事」に変えろというのである。ハイそうですかと簡単に納得するのは簡単ではないに違いない。

なので本書では、皆様と同様にお金を神と信じて生きてきた私が、一体どのようにしてこの過激な宗旨替えを果たしたのか。そしてその結果、今どのような暮らしをしているのか、すなわち、「家事をすることで最低限のお金でラクに豊かに暮らす」とは実際のところどんな感じなのかを、事実に基づいてできるだけ詳しく書いてみた。

また、このような「新しい暮らし」がもたらす具体的な効能、すなわちあらゆる災害にもインフレにも老後にも対応可能という万能性についても記述した。

中でも「老後」については特に力を入れた。現代は様々なリスクに満ち溢れているが、これからの時代、誰もが無縁ではいられない最大の不安はやはり、老後をどう生き抜くかであろう。だがこの国民的リスクについて具体的にどう備えたら良いかという肝心なことについては、結局のところ、金を貯めろ、健康でいろ、としか語られていないように思う。それが難しいからこそ皆悩んでいるのにね。でも心配にはおよばない。家事をすることこそが、このリスクに対処する最大の現実的な策である。何より、家事ならばその気になれば誰にだってできる。なのでここは是非とも読んでいただきたいところである。

もちろん、じゃあ自分もやってみてもいいかもと思うに至った方々のために、このような暮らしへ移行するための具体的なノウハウについても書かせていただいた。

最後に念のためお断りしておくと、私はこのような暮らしが「正しい」とか「誰もがこうすべき」などと言いたいわけではない。ただ、様々な偶然からこのような

いた様々な悩みから脱出することとなった実体験を、同じ悩みを抱えて生きている方々にぜひ知っていただきたいと思ったのだ。正しいかどうかは別として、このことが掛け値なく一人の人生を救ったことは間違いない。一人の人生を救ったなら、別の人の人生を救う可能性だってあるのではないだろうか。

そう思って書いた本である。

目次

家事か地獄か

最期まですっくと生き抜く唯一の選択

1　私が手にした極ラク家事生活

我が「豊かな暮らし」とは

まずは何はともあれ、私の現在地、つまりは齢50にして初めて手にした「極ラク家事生活」の一日について具体的にご紹介しよう。

□午前5時　　起床

いや、全く早起きですよね我ながら。以前はこんなこと絶対になかった。朝はいつだって1分でも長く寝ていたかった。それが今や、1分でも早く起きたい。何しろ面倒な家事から解放されてからというもの、一日がやたらと楽しいんである。遊ぶことしか考えていなかった子供時代に戻ったかのよう。だってまさに今、家事から解放され一日中ほぼ自由時間。となればどうしたって早起きせずにはいられないですよね！　恐るべしラク家事生活。

ってことでまずは朝日を浴びつつ約1時間ゆっくり瞑想した後（セレブみたい！）、いよいよ問題の、あっという間に終わりすぎて今や娯楽と化した「新しい家事」の開始だ。

□午前6時〜　洗濯（タライで前日の汚れ物を手洗いし干す）＝約10分
　　　　　　掃除（ホウキで床を掃くor雑巾で床を拭く）＝約10分

以上である。ああすっきり！

何しろこれで、料理以外の家事はすでにきれいさっぱり終わったのだ。つまりは我が「豊かな暮らし」はほぼ完成したのである。で、まだ朝の6時20分ですよ！　この後の時間は何をしたって良いのだ。いやー何度も言うが、人生って自由だなあ……。

　というわけで、その有り余る自由な時間をどう使おうかと楽しく試行錯誤し、たどり着いたスケジュールが以下のとおりである。つまりはこれが今の私の理想の一日で、実際に、その理想を日々生きている。

□午前6時半～　ヨガ
□午前7時～　ピアノの練習
□午前9時～　近所のカフェで仕事（原稿書きなど）
□正午～　帰宅し、5～10分で調理して昼食。しばし昼寝
□午後2時～　別のカフェで仕事（原稿書きなど）
□午後5時～　銭湯
□午後6時～　帰宅し5～10分で調理。大好きな日本酒の燗《かん》をつけ、ゆっくり晩酌
□午後7時半～　ほろ酔いになったところで食器を洗って棚に戻し、パジャマに着替えて下着などをタライの石鹼水につける。あとは、NHK-F

Mでクラシックやラジオドラマや J-POP など聴きながら縫い物、読書、スケッチの練習など

□午後10時　就寝

……

こうして今日も一日が平和に終わるというわけです。

家事とは「人生これでいいのだ」と確認すること

どうでしょうかね？　ま、こうして書いてみると、我ながら地味なことこの上ない。バブル期に青春時代を過ごした人間としては誠に感慨深いものがある。人間、変われば変わるものだ。だって今の自分は掛け値なく、負け惜しみでもなんでもなく、どんなキラキラ生活よりこの暮らしが人生で最高だと思っているのだ。

何が素晴らしいって、とにかく時間がたっぷりあること！

なんたって、普通の人が3時間かかる家事（総務省統計）がせいぜい30〜40分で

すからね。それだけでも自由時間は飛躍的に増える。

でも本当に肝心なのは、実はそこじゃないんである。

この40分は、ただの40分じゃない。全てをやりきった40分、「自分の人生これで十分」と心から確認できる40分なのだ。

だって、日々きちんと片付いた部屋で、清潔で着心地の良いお気に入りの服を着て、美味しく健康的なものを食べることができたなら、他に何がいるというのだろう？

そんな心からの満足が一日たった40分で手に入るのだ。

つまりは私はこの一日40分の家事で、世の中がどうなろうが、私の身にどのようなアクシデントが起きようが、私は私の手で「これでいいのだ」と心から思える暮らしをちゃんと作り出せるんだと、日々確認してジーンとしているのである。

多くの人が「幸せになるにはお金がなきゃどうにもなんない」と当たり前に信じているし、もちろん私もずっとそう信じていたんだが、実は自分の幸せは自分のこの平凡な手ひとつで驚くほど簡単に、そして短時間にちゃんと作ることができるのだと、ゾーキン片手に実感する至福といったらない。

そうとわかれば、あれこれの不安や不満についてウジウジ考える時間が一切なくなってしまった。っていうか、こうなってみて初めて、私ってこれまでの人生、本当に唸《うな》るような大量な時間とエネルギーを「不安や不満についてウジウジ考えること」に使ってきたことを初めて実感したのである。

その不毛な地獄から無事卒業した私は、目の前に現れた膨大なフリータイムをありがたく享受するばかり。つまりは心置きなく、ありとあらゆる「やりたかったこと」に遠慮なく次々と手をつけているのであります。

40年ぶりに再開したピアノは毎日最低2時間は練習しているから、亀の歩みであろうとそこそこ上達しつつある（と信じたい）。かねてやりたかったお茶も書道もバレエも編み物も始め、さらにはこれもかれこれ30年ぶりの絵も自由気ままに描き始めた。

いやー、なんてアーティスティックな毎日！

まるでどこぞのお姫様のよう……そうだよ、地味ライフどころか、どう考えてもこれをこそ「豊かな生活」というのではないか？

お金もモノもそんなになくても大丈夫だったのだ。ほんのわずかな時間と労力で自分で自分を満足させることができるということを知ってさえいれば、あとはすっきり晴れやかな気持ちで、有り余る時間を使ってやりたいことをきゃっきゃと楽しむのみ。

そんな世界がこの世にあったのである。

まさかの家事ラブ

それにしても我ながら驚くのは、我が人生から、あのメンドクサイ家事が「消えた」ということだ。

50年近くずっと格闘してきた家事。やらなきゃやらなきゃと思って、でもふと気づけば洗濯物はたまり食器はたまりホコリもたまり洋服は散乱し、つまりはいつだって全然やりきれなかった家事。結局、自分は人として大事な何かが欠落しているのではなかろうかと苦しい気持ちになる家事……。

そうなのだ。家事というものは、別に好きでもなんでもないのに、生きている限り私の人生に妖怪のごとくペッタリととりつき、エンドレスなうっとうしさをグイグイ提供し続けてくる存在であった。

それが気づけば、いない。消えてしまったのである。

一体何が起きたのか。

考えるに、家事があんなにうっとおしかったのは、結局は「家事が大変すぎた」からなのだ。もしその大変すぎる家事をちゃんとやりきることができたなら物理的にも精神的にもステキな生活になるんだろうが、問題は、それを日々やるとなれば時間も労力もかかりすぎて絶対無理ということなのである。永遠にやりきれるはずもない途方もない宿題。目の上のタンコブ。そんな相手をなぜ好きになることができるだろう。

でもその相手がですよ、まるで呼吸でもするように、その存在すら忘れてしまうほどにラクに短時間にできちゃうんだとしたら……もちろん話は全然違ってくる。ただ呼吸でもするようにステキ生活を楽しめば良いのである。

そう、これこそが我が人生に起きた魔法なのだ。

で、一体何をどうしたらそんな素敵な魔法がやってきたのか？

ということで、いよいよこれからそのタネを明かしていくわけだが、まず断っておきたいのは、これは「家事をなくそう」「ラクにしよう」と狙ってやったことではないということだ。家事とは何の関係もない、しかもどちらかといえばネガティブな体験が重なった結果、いつの間にか想像もしていなかった極楽にたどり着いていたのである。

今にして思うのだが、実はそういうものこそ「ホンモノ」なのではないだろうか。人が頭で考えることなど知れている。どんなに頑張って考えたところで従来の体験や常識を乗り越えるのは至難の業だ。だから人類の偉大な発見のほとんどは多かれ少なかれ「偶然」によってもたらされている。

ということで、私もきっと偉大な発見をしたのだ。

家電を手放したら家事がラクに？

最初のきっかけは「節電」だった。

福島の原発事故を機に「実は原発頼みだった便利で快適な暮らし」に今更ながら気づいた私は、まずは個人的にそこから脱却せんと、電気の使用量を可能な限り減らすべく勝手に格闘を始めた。まあそれだけなら珍しくもなんともないことだが、私の場合、一人暮らしゆえ調子に乗る性格を止める人もおらず、事態はどこまでもエスカレート。果てはずっと当たり前に頼ってきた家電製品を「なくてもやっていけるのでは？」と一つ一つ手放していくところにまで至ったのである。

この「暴挙」が、思いもよらなかったバラ色の世界への扉となった。

何しろ驚いたことに、家電を一つ手放すたびに、家事がラクになっていくのである。

いや……これってどう考えてもものすごく変ですよね？　だって家電製品というものを一言で定義するならば「家事をラクにするための道具」である。だからいくらお調子者の私とて、それを手放すに当たっては、大げさでもなんでもなく、これから我が日々の暮らしはどんな大変なことになってしまうのかと自分なりに人生をなげうつ覚悟だった。それがいざ手放してみたら家事がめちゃくちゃラクになるなんて、そんなこと、一体誰が想像できようか。

でも、これが掛け値なく本当のことなのである。

そうなのだ。本当の本当に、掃除機を手放したら掃除がラクになり、洗濯機を手放したら洗濯がラクになり、炊飯器や電子レンジやついでに冷蔵庫もなくしたら炊事が飛躍的にラクになったのだ！　我ながらキツネにつまれたようである。

そして次の異変は、いろいろ思うところあって50歳で会社を辞めることとなり、人生初の「給料をもらえない生活」に直面した時に起きた。

お金がなくなったら家事がラクに？

先立つものがないとなれば、当然のごとく享受してきた生活をあれこれあきらめねばならぬ。ということで、まずは家賃を抑えるため高級マンションから老朽ワンルームに引っ越したら超狭い上に収納ゼロ。結局、洋服も化粧品もタオルも食器も調味料も調理道具も、つまりは私が長年にわたり懸命に働いてコツコツ買い集めてきた我があらゆるコレクションをほぼ全て手放す羽目になった。

洋服は、一昔前のベストセラー『フランス人は10着しか服を持たない』（だいわ文庫）を地でいく10着程度、食事はカセットコンロ一個で塩と醬油と味噌だけで全調理を行うという、連日ソロキャンプみたいな生活の始まりである。修行中のお坊さんだってもうちょっとキラキラした暮らしをしてる気がする。

で、その「悲劇」の結果何が起きたかというと、なんと、さらに家事がラクになりまくったのだ！

掃除も洗濯も炊事もそれぞれ10分程度しかかからない。ここまでラクになってくると、前にも書いたとおり、あんなにうざかった家事との関係が、まさかのラブラブになってきたのである。

だってほんの短時間ちょこちょこ体を動かすだけで、清潔な片付いた部屋で、うまいものを食べ、お気に入りの服を着て過ごす……そんな理想の暮らしが日々実現できるとなれば、どんなズボラ人間とていそいそと動かずにはいられない。

そうなってみて私は突然、ハタと気づいたのだ。

家事とは人生について回る悪夢でもなんでもなく、「自分の自分に対するおもてなし」だったんじゃ？

家事とは自分で自分の機嫌を取ること。自分を大切にすること。世界中の誰も自分を認めてくれなくたって、自分だけは自分をちゃんと認めることができるのだと確認することだ。これまでは家事が大変すぎて、とてもじゃないがそんなふうには考えられなかった。そう「家事なんてなくなれ」と思っていた。とんでもないことであった。家事をしないということは、自分で自分を大切にすることを放棄するということにほかならないのではないだろうか？

かくして一日の終わり、我が極小の台所を蛇口もガス台も流しも壁も全てキュッキュとふきんで拭き、最後にそのふきんをじゃぶじゃぶ手で洗ってベランダにパシッと干すことが最大の楽しみという人生が始まった。今日もいろんなことがあったけれど、何はともあれちゃんと自分を整えて終えることができた。ああ私、大丈夫！　……と思えるありがたさ。その日の結着をちゃんとつけて終えるとはなんと気分の晴れやかなことだろう。

そのことに、私は50年生きてきて初めて気づいた。「整う」とはサウナーの専売特許ではなかった。というかこれはもうサウナどころではない。どんな贅沢も、これ以上のリラックスと心の平穏をもたらすことはないように思う。

こうなってくると、これには我ながら本当にビックリしたんだが、あんなに人生をかけて夢中になりまくってきたグルメだのショッピングだのという「娯楽」が、急に「どうでも良いこと」になってしまった。

だって生きている限り最低限の家事はどうしたってついて回るわけで、その家事が簡単な上に楽しく、気分を明るくしてくれるのである。つまりは生きているだけでハイレベルな楽しさが保証されているんである。私は生きている限り、いつだって満たされているのだ。

生きているだけでまるもうけ。

「足りないもの」など何もない。

……という、どこぞの偉いお坊さまのような心境に至ったのである。

便利と豊かさが家事地獄への道

で、改めて、これは一体どうしたことか？　と思うわけです。

これまでただ一日とて、家事地獄から逃れた日などなかった。そんな私の身に一体何が起きたのか？　私自身は何も変わっていないのだ。家事塾に通って家事が飛躍的に得意になったわけでもないし、何かスペシャルな家事軽減情報を入手したわけでもない。

なのに、家事がグングン楽になり、最後にはわずかに残ったそれすらも娯楽と化すというオドロキの変化が我が身に起きてしまった。

なるほど、つまりはこういうことだ。

原因は私自身ではなく、私が作り出した環境にあったのだ。

「原発事故」と「退社」という二大アクシデントにより、私はそれまでとはうって変わって、何もない小さなハコのような部屋で、毎日同じものを着て、毎日同じものを食べて暮らすことになった。一言でいえば、ずっと追い求めてきた「便利で豊かな暮らし」に背を向けて生きることになった。我ながら驚きの変化である。だって私はそんなミジメな人生を絶対に送りたくなくて、何十年も厳しい競争を続け、耐え難きを耐え忍び難きを忍び、自分なりに懸命に努力してきたのではなかったか。一体あの努力は何だったのかと、本来なら地団駄を踏むところである。

ところが驚いたことに、実際やってみたらそれで案外、っていうか全然十分だったのだ。

だってないものはない。泣いてもわめいてもあるものでやるしかない。そうして始まったワンパターンで小さな暮らしは、蓋を開けてみたら、惨めというよりも、ただただシンプルで簡単なのだった。

そう一言でいえば「ラク」なんである。

そうだよ思い返せば、これまでずっと追い求めてきた便利で豊かな暮らしは、ひどく「大変」でもあった。だってあれこれ手に入れるために努力し続けなければならなかったし、さらには手に入れたものを使うことも、それはそれで時間も労力も必要だったのである。

なるほどそうか。そのせいで、私はずっと家事に悩まされてきたんじゃないだろうか⁉

暴走する欲望が汚部屋のモトだった

「豊かさ」を追い求め、もっとおしゃれなものを着たい、もっと美味しいものを食べたいという欲を膨らませ続けた結果、家の中はいつだって、食べきれない食べ物やら、着きれない洋服やらで溢れかえっていた。そしてそれを収容するために家はどんどんデカくなった。当然、料理も掃除もどんどん大変になり、それをなんとかラクにしようと「便利なもの」を買い、その便利なものを使って何かをしようと思うからさらにモノが増える。

……ああ欲望の雪だるまやー！

かくして我が家はいつの間にか、私の制御不能な欲望が充ち満ちた魔の巣窟となっていたのである。

そんな家をきちんとコントロールすることなんて誰にできるだろう？

つまりは私が整理しなきゃならなかったのは、モノより何よりまずは自分の肥大化した欲望だったんである。

でもずっと、そんなことは考えてもみなかった。家事ができないのは自分の家事能力が低いからなんだと、ずっと自分を責めていた。そうじゃなかったんだと知っただけでも生きてて良かったと思う。私はただ、何かにとりつかれていたのだ。そして、その呪いは自分の力でちゃんと解くことができたのである。

私のラク家事メモ①
ふきん一枚あれば

「家事をやりきる」ということが長い間、全くわからなかった。というかずっと、そんなことはできるはずないとあきらめきっていた。

例えば台所。

台所って何はともあれ料理をするところ。それがまず大変なわけで、ようやく完成してニコニコ食べてホッと一息となるはずが、たちまちその汚れた皿は誰が洗うんだ問題が発生。これは辛い。特に、一杯やった後だったりしたら本当に悲しい。でもいつかはやらなきゃならぬゆえエイと腰を上げ、皿や重たい鍋やまな板などの調理道具も頑張って洗い、この段階でもう「真っ白な灰」。拭くことも棚に戻すこともほぼできないことが常態化していた。

ところが、そんな私の「常識」を根底から覆すスゴイ人物が現れたのである。それは、乳飲み子を抱え全く言葉の通じないパリに住むという非常事態に見舞われた姉宅で出会った、韓国人のお手伝いさん。夏休みに行った時に目撃したその仕事ぶりが本当にスーパーで、2時間ほどの間に何種類ものおかずやおかずの素を怒濤《どとう》のごとく作りまくり、それだけでも十分すごいんだが、さらにビックリしたのは彼女の仕事の最後が必ず「台所をピカピカにする」だったこと。皿やら鍋やらを片付けた後、そこらじゅうに洗剤をふりかけて、作業台からシンクから床から隅々までゴシゴシと磨き上げる。そこでようやく「はい終了!」となるのであった。

まさに目からウロコ。え、そんな世界があったのかと。確かに嵐のごとく働きまくった彼女が帰っていった後の台所は本当に輝いていて、来る前よりずっと美しくなっていた。

なるほどこのような習慣が身についていれば、身の回りの全ては使い込むほどに美しくなっていくに違いない。使えば使うほど当然のように薄汚れていく我が台所とは大違いであった。

というわけで、なるほどこれが家事を「やりきる」ということか、こりゃすんげえと心から感心するも、じゃあ自分にもできるかとなると、もちろんそれは別問題である。日々の料理に追われてそんな気力どこにも残っちゃいない。そんな世界は夢のまた夢のそのまた夢と思っていたんだが、なんと私、今や「似たようなこと」をやっているのだ。

食事を済ませたら食器や調理道具を洗ってふきんで拭いて片付けるばかりか、この同じふきんで、壁を拭き作業台を拭き蛇口やシンクも食卓もキュッキュと拭く。つまりはあのお手伝いさんとほぼいっしょである。で、最後に水を張った小さなタライにそのふきんをつけ洗剤をふりかけて、しばらくたったらすいで絞ってベランダに干す。これで台所仕事終了！

これが気持ちいいったらない。

今日の汚れは今日のうちに全部始末をつけて、明日から新しい日が始まるというリセット感がたまらない。何もやり残してないまっさら感が、気持ちまでまっさらにしてくれる。

で、この「できるはずない」ことだったことがなぜ今「できている」のかというと、理由は主に二つある。

一つは、冷蔵庫をやめたのと台所が小さすぎるのとで、毎回の料理を一汁一菜と決めてしまったことだ。料理も超単純、洗い物も最小限となれば、気力も体力も十分残っているのである。

もう一つは、「ふきん一枚」で全てを拭けばいいと決めてしまったこと。

これも発想のきっかけは狭すぎる台所で、布物を収納する場所が全然ないのでどうしたものかと知恵を絞った挙げ句、そうだ、皿もまな板も鍋も作業台も同じ食べ物に関わる道具なんだから、一枚のふきんを、皿からテーブル、作業台へと「上流から下流へ」流すように洗いながら使えば問題ないんじゃ？　と思いついたのだ。

使う道具が一つになるだけで、作業が大したことないものに思えてくる。道具が多いとこうはいかない。たくさんのものをたくさんの道具で洗い、最後にそのたくさんの道具も洗わなきゃならんとなれば、考えただけで頭がごちゃついて「めんどくさい」感がムクムク。

つまりはですね、とても私にはできないと思っていた「家事をやりきって一日を終える」ということが、家事能力の向上ではなく、暮らしと道具を縮小したことによって転がり込んできたのである。

「複雑化」ではなく「簡素化」こそが、ズボラ人間にも開かれた豊かな暮らしへの道と身をもって体験した瞬間であった。

2　あなたの家事がラクにならない本当の理由

5年間で4分増えた家事時間

さて、そんなこんなで夢のようなラク家事ライフを手に入れた私だが、実際にやってしまえば、特別な技術や才能がいるわけでなし、さらにはお金がいるわけでも全くなく、つまりは誰だって、その気になりさえすればこんな人生、すぐさま手に入れることができる……はずなのだ。

でも世間様を見渡せば、あるいは過去の自分を振り返ってみても、現実はそう簡単にはいかない。

それは一体なぜなのだろう。これは、家事に、そして人生に悩む全ての人が、一度じっくり腰を据えて考えるべきモンダイだと私は思う。

何しろ現代ほど、多くの人が家事の負担を減らそうと頑張っている時代はない。暮らしには何かとお金がかかり、その割に収入は増えないというドン詰まりの時代ゆえ、夫婦共働きは当たり前、となれば当然「家事は誰がやるんだ問題」が発生するわけで、つまりは世の少なからぬ人が、どうにかして家事をラクにしたいと日々真面目に考え、努力を重ねているのである。だって家事さえラクになれば、お金をかせいだり使ったりすることに時間を使えて人生はもっと豊かになるはずなのだから――。

でもそれが、ほぼ全くうまくいっていない。

総務省の調査によれば、男女平均の一日の家事時間は5年前と比べて4分増えた(ちなみに男性は19分→25分、女性は2時間24分→2時間26分)。そうなんです減るどころか逆に増えているんです！　私がごく短期間に超ラク家事を達成したのと比べれば差はあまりにも歴然である。

このように懸命に努力しているのに物事がちっとも改善しない場合、その原因は一つしかない。

努力の方向性が間違っているのだ。

良かれと思ってやっていることが、案外ほとんど意味がない、いやむしろ、物事を悪化させる原因になっている可能性だってある。

それは何を隠そう、他の誰でもない私のかつての体験である。

努力の方向性が真逆だった？

自慢じゃないが、家事をラクにして華麗なるスマートな人生を送らんと、約半世紀にわたり自分なりに頑張ってきた。でも今にして思えば、当然のように努力してきたことが、実はことごとく家事を大変にし、人生を混乱に陥れる原因そのものになっていた。でも本人は真面目に努力しているので、うまくいかないのは努力が足りないからだとさらにトンチンカンな努力を積み重ね、結局、物事をどんどん悪い方向へと引っ張っていた。

そんな出口なき蟻地獄に自分がハマっていることに気づくことができたのは、たまたまの偶然にすぎない。

そう原発事故。そして50歳での退社。いずれも家事云々《うんぬん》とは全く関係のない出来事だったが、結果的に、人一倍欲深い私がまさかの電気とお金に頼らぬ暮らしを選択するという一大転機になった。そのことがまさかの幸運を呼んだのだ。いざ蓋を開けてみればその瞬間から何の努力もせずとも「豊かな生活」が我が手中に転がり込んできた。かくして私は自分がいかにトンチンカンな努力をしまくってきたかを思い知ることとなったのである。

もちろんそれに気づくことができたのは非常に喜ばしいことではあったが、同時に、もっと早くこのことを知っていたなら私は人生の貴重な時間をもっと豊かに悠々と楽しむことができたに違いないと悔しさが込み上げてくる。アサッテの方向に必死に走っていた過去の自分に、「いやいや、そっちじゃないんだ！」「その先には地獄しか待ってない！」と大声で叫びたい気持ちでいっぱいだ。

でも、過ぎた時間を取り戻すことは誰にもできない。

なので誠に勝手ながら、私はこのフンマンやるかたない思いを、現代を生きる見知らぬ方々にぶつけさせていただく次第である。

ということで、ここからは「家事をやめるための（イナガキ流）3原則」と題して、かつての私と同様に世間の人々の多くが陥っているに違いない「重大な勘違いポイント」を整理してお伝えしたい。中には極論と思えるものがあるかもしれないが、もしあなたが今本当に家事の負担に悩んでいるならば、物事を解決する糸口の一つ、発想の転換のヒントにはなるはずである。

✲ 発表！ 家事をやめるための（イナガキ流）3原則 ✲

・その1 「便利」をやめる

まず最初の原則はコレです。

いきなり「は？」と思われることでありましょう。

そりゃそうだ。めんどくさい作業（例・家事）をしなきゃならない場合、そのめんどくささを軽減してくれる「便利」なマシンやグッズや耳寄り情報を使えば作業は格段にラクになる。これ当たり前。誰が考えても100パーセント正しいとしか思えない理屈。

もちろん私もずーっとそう思ってきた。

ところが。我がラク家事生活の発端は前にも書いたように、原発事故というアクシデントを機に、それまで当たり前に使っていた便利な家電製品を一つ一つ手放していったことから始まったのである。

「便利」という深い深い落とし穴

炊飯器をやめた。電子レンジをやめた。掃除機をやめた。洗濯機をやめた。冷蔵庫をやめた……もちろんいずれも決死の覚悟。何しろこのどれ一つとしてそれなしの人生なんて経験したこともなく、これなくしてどうやって家事が成り立つのか想像したことすらなかった。どれほど大変なことが待ち受けているのかと超ビクビクと怯《おび》えながらの決断だった。

ところが。いざやってみたら、全くどうってことなかったのだ。それどころか、どんどん家事がラクになってきたのである。

もちろん混乱した。

そして必死に考えた。これは一体どういうカラクリなのか？

思うに、理由は主に二つある。

一つは、便利なものはまさにその便利さゆえに、シンプルな物事をいつの間にか「オオゴト」にしてしまう特性があるのだ。

どういうことかといいますと、便利なものを手に入れると、確かに「できること」が増える。ところがこの「できること」がいつの間にか「やらなきゃいけないこと」になり、さらにそれがいつの間にやら「豊かな人生」ってことになって、そこから降りてはいけないというプレッシャーに取って代わるという、もうなんというかものすごく良くできた蟻地獄のような現実の中を私は生きていた。

その事実を、私は便利なものを手放して初めて知ったのだ。

タライ一個で手にした幸福

例えば、こういうことである。

洗濯機があると大量の洗濯物をらくらく洗える。どんな大ものも硬いものもかさばるものも放り込んでスイッチを押せば終わり。

いやー、なんともありがたい話ではないか！

……となると、洗濯物が増える。迷いなく増える。無意識のうちにどんどこ増えまくる。だって増えたところで洗濯の手間は変わらないので増やしていいんである。つまりはなんでもかんでもちょこっと使っては迷いなく洗濯カゴにドカドカ放り込みまくるのが当たり前になる。そのうち、大量の洗濯物を一気に洗った方が効率的ではと「週末にまとめ洗い」なんてナイスなアイデアも思いつく……というのが、かつての私のお洗濯ライフであった。

どこからどう見ても合理的ですよね！

ところが、なぜかこの完璧なはずのアイデアの裏で、実は「厄介なこと」がじわじわ紛れ込んできていたのであった。

当然のことながら、下着やタオル、ふきんなど毎日使うものは、少なくとも一週間分揃えることになった。だって週末にまとめ洗いするんだから、そうでなきゃ同じ下着を二日連続で着る羽目になる。かくしてモノがどんどん増える。そしてそれだけじゃない。問題は、汚れ物を最大1週間ため込むのが当たり前になったことだ。

洗濯カゴにはいつだって「汚れ物」がたまっていて、それを見るたびにモヤっとする。つまりは清潔に暮らすための専用マシンを手にしているにもかかわらず、どうも清潔な暮らしをしている感じが全くしない。でもこれ以上一体何をどうすれば良いのか見当もつかず、ただただモヤモヤと暮らし続けていた。

それがですね、例の節電で洗濯機を手放したら、そのモヤモヤが一気に飛んで行ったのである。

なぜかといえば、その途端に洗濯物が一気に減ってしまったのだ。

だって洗濯機がなければ自分で手洗いするしかなくなり、となると「大量のものを一気にまとめ洗い」なんて絶対できない。したくもない。ってことで結局毎朝、前日使った下着とタオルなどをちょこまか洗って暮らすことになった。

このように洗濯が「毎朝のルーティーン」となると、ムダに大変な洗濯は可能な限りやりたくなくなるのが人情というものである。

例えばフカフカのバスタオルなど、手洗いすることを考えたらとてもじゃないが使う気になれませんよ！　ってことで、バスタオルは全て処分。考えてみりゃ小さいタオルが一枚あれば体なんて十分拭けるじゃん。ってことで、モノを持つ基準がステキとかオシャレとかではなく「洗いやすく絞りやすいか」どうかが最優先となり、となると物欲も一気にしぼむ。いろんなものを一週間分揃える必要もなくなった。下着も毎日洗えば雨が降ることも考えて3セットもあれば十分だ。

かくしてモノは減り欲も減り洗濯物も減り洗濯時間も減り、となればもちろん干したり取り込んだりたたんだりする手間も時間も一気に減り、結局、洗濯という行為そのものに費やす時間も労力も一瞬にしてしぼんだのである。

それは驚くほど簡単で快適で清潔な生活だった。

そうなのだ。清潔に暮らすとは、大量のものを効率的にまとめて洗うことではなく、「その日の汚れ物をその日に洗うこと」だったのだ。その行為自体が、新しいまっさらな一日をまっさらな気持ちでスタートする合図なのだ。人生を明るく前向きに生きるエンジンなのだ。

それこそが「洗濯」ってものの意味だったのである！

そしてそれは、ほんのちょっと工夫さえすれば、洗濯機などという大げさなマシンがなくとも、タライ一個で簡単に実現できることだったのだ。

便利が「自分」を見えなくする

つまりはですね、便利なものは確かに大きな可能性を持っている。でもその可能性が大きいほど、本当は自分が必要としていない可能性もたくさん提供してくださるわけで、しかしその可能性がある以上、いつの間にか、なぜか「自分」そっちのけで可能性を満たすことの方を優先していたりするんである。

ってことで、洗濯機を使うほどに「清潔な暮らし」から遠ざかってしまう私のような人間が登場するのである。

洗濯機だけじゃない。

冷蔵庫も電子レンジも手放したら、冷凍も作り置きもできないから日々ごく単純な料理をするしかなくなってしまったが、やってみればそれで十分満足できる自分がいた。でも冷蔵庫や電子レンジがあると、それを使ってあれこれ凝ったたいそうな料理を作ることが当たり前になってしまう。で、いつの間にか、日々凝ったものを作ることのできない自分に敗北感や罪悪感を抱いたりしてしまう。

つまりはですね、便利なものっていうのは「自分」を見えなくするわけですね。

本当の自分は案外ちょっとのことで満足できるのに、えらく大掛かりなことをしないと満足できない、幸せが得られないかのような錯覚を日々作り出していくという恐ろしい側面を持っているのであります。

本当に、家事はめんどくさいものなのか？

そして、もう一つ。

便利なものが恐ろしいのは、家事を「めんどくさくてつまらないもの」にしてしまうということである。

だってそう人々に思わせなければ、モノは売れません。ゆえに「洗濯……めんどくさいですよね。大丈夫ご安心を！　洗濯機にお任せください」「掃除……めんどくさいですよね。大丈夫ご安心を！　掃除機にお任せください」と大宣伝が展開される。別にそれ自体は悪いことでもなんでもない。世の経済はこのようにして回っている。

でもその宣伝文句が「真実」かといえば、それはまた別の問題だ。

本当に、家事はめんどくさいものなのだろうか。
というのはですね、面倒だと思っていた家事が、実際手でやってみるとそれ自体が案外楽しいんですよ驚いたことに！

例えば掃除。私は掃除機を手放してから掃除が大好きになった。ウソみたいな話だが掛け値なく本当のことである。それが証拠に、我が部屋は掃除機をなくしてから圧倒的にきれいになったのだ。だって手で掃除すると、汚れが目に見えるのがなんといってもめちゃくちゃ面白いんだもん。

真っ黒になった雑巾！
ホウキで掃いてちりとりに集まった大量のホコリ！
それらを見るのは「やった！」という充実感以外の何物でもない。

遊ぶ時間を作ること、自分でいること

つまりは掃除そのものがもはや遊びに近い。なるほど人とはそもそも、自分の体や手を使って「やった！」という実感を得ることに喜びを得るように設計されてい

るのではないだろうか。そう考えると、私はずっと「便利なマシン」に人生の喜びも楽しみも奪われ続けてきたのかもしれない。

……というわけで、便利をやめたら暮らしが単純になり、家事がラクにそして楽しくなったという顛末《てんまつ》がわかっていただけたであろうか。

ところで、数年前に亡くなった『はらぺこあおむし』で知られる米国の絵本作家エリック・カールさんが、かつて日本の子供たちに発したメッセージが新聞に載っていた。

「忘れないでほしいのは、楽しむこと、遊ぶ時間をつくること、そして自分でいること！」（朝日新聞「天声人語」2021年5月31日）

いやーこれって、便利を手放したら私の元に全て転がり込んできたもの、つまりは今の私のラク家事生活そのものじゃないの！　と思ったことでありました。

そうなのだ。人とは何はなくとも、本来そのような最高の暮らしを送るようにできているのである。そしてそれは、このモノに溢れた現代においては、余分なものを手放して初めて見えてくるものなのである。

私のラク家事メモ②
「洗わない」という究極の選択

私の洗濯はこの章で書いたように、前日の汚れ物を毎朝、ホーローの可愛らしい花柄のタライでじゃぶじゃぶ洗って干して終わりという実にカンタンなもの。あまりにもあっという間に終わるので、あの長年慣れ親しんできた「洗濯機時代」の利点が今や全く思い浮かばず、おかげで世の常識というものに対してすっかり疑い深くなってしまった。

例えば、すでにご紹介した「バスタオルなんてなくても全然平気」と気づいたのも一つの革命であった。ちなみに今愛用しているタオルは近所の銭湯で買ったペラペラのやつ。これが一番絞りやすく乾きやすいのだ。台所のふきんも今や、昔ながらの日本手ぬぐい一択である。何しろ手ぬぐいの乾きの速さったたら驚異的で、1時間もあればカラッカラ。さすが湿度の高い日本で長年生き残ってきた道具！　昔ながらの道具というものは実は一番合理的なのだ。

という具合で、買い物の基準が「オシャレ」「高級」「かわいい」から「洗いやすく」「絞りやすく」「乾きやすい」の一択に。かくしてペラペラタオルと下着とマスクと手ぬぐいを日々洗っては使う毎日である。なんて言うとくすんだ暮らしを想像されるかもしれないが、案外そうでもないんですよ。実際やってみてわかったんだが、ものとはそれがどんなものであれ、持ち主が日々精一杯活用しその日のうちに洗ってやれば、それがたとえどう見てもオシャレとは言いがたいゆるキャラライラストタオルであっても、なんともいえぬ輝きを帯びてくるものなのだ。で、いったんそのように心から思ってしまったら、世の人たちが考える「オシャレ」などどうでもよくなってくる。ここまでくればもう人生怖いものはない。

ってことで、今日も機嫌よく朝の10分洗濯をじゃぶじゃぶやっているわけですが、最近、このカンタン洗濯生活は次のステージへと移行しつつある。洗うものを減らすだけじゃなくて、洗剤を減らす作戦を敢行中なのだ。

だって調べたら、衣類の黄ばみの主原因は、洗剤が残ってることによるらしい。なので最初はしゃかりきになってすすいでいたが、よく考えたらそもそも洗剤を減らせば良いのでは？

よく考えたら一昔前までは洗剤なんぞこの世になかったのだ。桃太郎のおばあさんは川で洗濯してたわけで、現代の我らは大量の洗剤をぶち込んで洗濯して「ああスッキリ」などと言っているが、それは洗剤という化学物質を自然界にどんどん送り込んでいる行為でもある。

で、さらに調べてみたら、汗汚れには「水洗いが一番」らしいじゃないの！ってことで、今は汚れている場所だけ石鹸をすり込みつけ置き洗い。汚れてなければ水洗い。時間も手間も水も大幅に節約できる。環境にもいい。ただ生きているだけで社会のお役に立ってる感じ。「おトク」とはこのことだ。

で、このように物事が転がりだすと、さらに次の悪知恵が働いてくる。今考えているのは、そもそも「洗わない」って考え方もありなんじゃや？ということだ。

だってこれも手で洗ってみるとよくわかるんだが、衣類って洗濯のたびにすごく色落ちする。洗われることとは、衣類にはそれなりに負担らしい。洗えばいいってもんじゃない。きっとバランスが肝心なのだ。

ってことで、今愛用しているのが、友人が作っている「洗わなくていい下着」。薄いウールの長袖シャツで、ウールそのものに汚れ排出効果があるので洗剤どころか洗濯も必要ないとか。最初は疑ったが「2ヶ月毎日着て一度も洗ってない」という友人のブツをクンクン嗅いだら確かに無臭だったので即購入。結局冬じゅう着続けてただの一度も洗わずじまい。ということで、今や冬の下着はこれ一枚あればオールオッケー。最高である。

で、このようなことを日々追求していると、どんどん身軽になってくるわけです。水さえあればいつでもどこでもこざっぱり元気に生きられるとなれば旅の荷物も劇的に減った。下着は夜風呂に入る時ついでに洗えば、着替えなど一切持っていかずともなんの問題もなし。

ということで、今やどこへ行くにも普段持っている斜めがけカバンいっちょ。地球が全てご近所。まるで風のよう。世界が我が家。そんなウルトラ自由な感覚を、ラク家事がもたらしてくれたのである。

可能性という危険物

無駄な家事をやめるための3原則として、まずは「便利をやめる」ことを提案させていただいた。

世の常識とは真逆の提案だと思う。しかし、この程度でギョッとするのはまだ早い。何しろ、世の多くの人を悩ませまくっている家事が人生から消えるなんてことは、これはもう間違いなくある種の「革命」で、問題は根深いのであります。

誰もが疑いもなくしがみついている常識の中にこそ問題は存在するのだ。革命とは常識をひっくり返すこと。なのでこんなところでビビっていてはいけない。いやナニそんなに心配することはありません。常識なんぞエイと飛び越えてしまえば拍子抜けするほどどうということはないものだ。もっと軽やかに自由に生きようではないか！

と勢いをつけたところで、さらに大胆な提案をさせていただく。

・その2　人生の可能性を広げない

……勢いはつけてみたものの、我ながら、さらに読者の方をドン引きさせそうな提案である。

何しろ、もし現代人の好きな言葉ランキングってものがあったとして、先に書いた「便利」が5位くらいだとすれば、トップを争う勢いで間違いなく誰もが愛する言葉が「可能性」なんじゃないだろうか。

可能性とは、万人に開かれた夢だ。

老いも若きも、持てる者も持たざる者も、あれもやりたいこれもやりたいと夢見るのは自由である。いつかは望むものを手にできるかもしれないという「可能性」こそが、多くの人の思うに任せぬ人生を支え、我らが社会の「発展」のモトとなるエネルギー源にもなっている……ということを承知で、あえて言わせていただく。

「可能性」は危険だ。

その取り扱いには十分気をつけなければいけない。甘い香りに誘われるがままに飛びついていると、甘い夢を追いかけているはずが、いつの間にか自分の人生を丸ごと何者かに乗っ取られてしまって、人生のあまりにも多くの時間を終わりなき労苦（＝無駄に大変な家事）に捧げ続けて生涯を終えるということになりかねない。

具体的に言おう。

これも、生まれてこのかた延々と可能性を追い求めてきた私の物語である。

キラキラを夢見続けた私

高度成長時代に育った私は、今にして思えば人一倍「可能性」の虜《とりこ》だった。何しろ幼少期から、世の中には次々と新しいもの、すごいもの、便利なものが登場し、我らのくすんだ生活をどんどんカラフルに、スマートに変えていくのを目の当たりにして育ったのだ。昨日よりも今日、今日よりも明日、よりリッチになるために、つまりは目の前にあるキラキラした「可能性」に向かって努力することが人生なのだと思って半世紀を生きてきた。

食べるものだってそうだ。

小学生の頃に日本に初上陸したマクドナルドのコッテリした美味しさに驚愕《きょうがく》した

私は、青春時代はフレンチやイタリアンに夢中になり、社会人になりお金に余裕ができると高級寿司や懐石を食べる贅沢も覚えた。そのように舌が肥えてくると、家で作る料理もどんどん「進化」した。次々と発売されるキラキラした料理本を参照しては、見たことのない世界の料理や、一味違うプロのコツを活かした料理などせっせと作り続けた。

私は可能性を食べて生きていたのだと思う。ああ美味しい最高と思った瞬間から、きっとまだ他にも最高に美味しいものがあるに違いないと夢見た。そして確かに、世の中には無限に美味しいものが次々と登場するのだった。その情報を抜かりなく集め続けて日々を「楽しく」生き抜いてきたのだ。

ところが、である。

そんな華やかな日々はある日突然、終わりを告げる。

そう原発事故をきっかけに始めた例の「超節電生活」がエスカレートして、台所まわりの電化製品も次々に手放すことになったからだ。電子レンジ。フードプロセッサー。そして極めつけが冷蔵庫。私もまさかそこまでするつもりはなかったのだが、諸般の事情が重なりそんなところまで追い込まれたのである（万一その「諸般

い）。

もちろん影響は甚大であった。中でも冷蔵庫がないとその日に食べるものはその日に作るしかない。となると凝った料理など作れるはずもなく、まさかの「メシ・汁」が堂々のメーン。代わり映えのしないジミーなものを食べ続けるという人生初の事態に追い込まれたのだ。

さよなら「炊事」

自ら選択したこととはいえ、最初、自分で作ったソレを見た時は「刑務所？」と自虐的に苦笑いしたことを思い出す。でもそれも今やあまりにも遠い出来事である。だっていざ始めてみれば案外すぐに、この刑務所みたいな超ワンパターンの食事が「美味しい」という心境に至ったのだ。

しかも、このワンパターン食生活を始めてかれこれ10年近いが、その心境は全く変わらない。つまりはちっとも飽きない。むしろこれが一番美味しい。これ以外のものはできればあまり食べたくない。ってことは、きっと今後死ぬまでこんな食事を食べ続けることはほぼ間違いなし。

いやはやなんということでしょう。だってこれが一体どういうことかといいますとですね、私は「炊事」という、おそらくは家事の中でも最も時間とエネルギーを必要とする「キングオブ家事」から死ぬまで、つまりは永遠に解放されたのだ。

炊事らしい炊事といえば味噌汁を作るだけだから、鍋に湯を沸かし、残り物を適当に放り込み、火が通ったら味噌を溶くだけ。ほぼ5分。それだけじゃない。料理する人間にとっては「今日のご飯何にしよう」と頭を悩ませる時間とエネルギーが全くもってバカにならないんだが、私はもう1ミリもそんなこと考えなくていいのだ。

だって、何を作るかは今後一生決定事項なのである。

料理に常軌を逸したエネルギーをつぎ込む愚

ずっと自分は料理好きだと思っていたし、料理は楽しみであり趣味だと思っていた。だがこうなってみれば、たとえ楽しみだとしても、あまりにも常軌を逸した時間とエネルギーをそこにつぎ込みすぎていたことに気づかざるをえなかった。

しかも思い返してみれば、そこまでの多大なるエネルギーを料理につぎ込みながらも、私はいつだって新たな美味しいレシピを探していた。あれだけ努力しても、絶えず「もっと美味しいものがあるはず」と満たされぬ思いを抱え続けていたのだ。

でも今は違う。私はこの簡素な食卓にいつも満足している。ここがまさに最終ゴール。どんな「美味しいもの情報」にも我が心はピクリとも反応せず。その平安、楽さ、余裕といったら！

ということはですよ。この全てをまとめますと、今や私は、面倒な炊事からスッキリと解放され、その結果、膨大な時間とエネルギーと平安を手に入れて、しかも、毎日究極にうまいものを食べているということになる。さらに言えば、毎日同じものを食べていると「食べ過ぎる」ことがないのでダイエットとも無縁となり、しかも結果的にこの食卓はいわゆるバランスのとれた献立ゆえ超健康的。なので、美容やダイエット情報にも一切興味がなくなった。ここでもさらに時間とエネルギーと平安が生まれたのである。

ごちそうをあきらめたら全てが手に入った

いやーこれってある意味「奇跡」なんじゃないでしょうか？

私は今や、時間も、エネルギーも、健康も、美味しさも、つまりは全てを手に入れたのだ。しかも努力して手に入れたわけじゃなくて、全ては努力を手放したことで手に入ったのだ。間違いなく自分が一番びっくりしている。

で、改めて、一体なぜこんなことが起きたのかを復習するとですね、ことの発端は、冷蔵庫をやめたことである。冷蔵庫をやめたことで、私は「日々ごちそうを食べる」という可能性を手放さざるをえなくなった。そこから、この奇跡の全てが始まったのだ。

そう「可能性」！

世の多くの人が当たり前に追い求めている「可能性」。それをあきらめた途端、全てが手に入ったという恐るべき事実！

このことをどう考えたら良いのだろうか。

思うに、可能性を追求すること自体に問題があるわけじゃないのだ。だが私が当たり前に追い求めていた可能性は、あまりにも小さな世界に偏っていた。

当時の私が夢見ていたのは、日々、昨日とは違うごちそうを食べ、広い家に住み、山のような服を毎日取っ替え引っ替え着る……という、お姫様のような暮らしがしたいという「可能性」である。でもそれは冷静に振り返ってみれば、実は自分自身が本当に求めていたわけではなく、際限なくモノを売るために誰かが意図的にこしらえた一つの物語にすぎなかったのではないだろうか。

我らは「欲深い姫」の使用人？

もちろん、どのような物語を追い求めようが自由だ。お姫様になりたければそれも良し。しかし我らはふと我に返って考えなければならない。

お姫様は自分で家事をしているだろうか？　もちろん、していない。お姫様の暮らしは、幾多の使用人がいてようやく成り立っているのである。

で、あなたの場合はどうだろうか。あなたが目指しているお姫様の暮らしを実現するために、幾多の使用人を雇うことができるだろうか。姫の暮らしを実現するのにお金を使うことが精一杯で、使用人を雇うお金など残っていないのが普通なのではないだろうか。ならば、誰が使用人になるのかというと、それは「あなた自身」ということになる。

それこそが、我らの家事がどうやっても楽にならない最大の理由なのではないだろうか。すなわち、我々は人生の可能性をポジティブに追い求めているはずが、いつの間にか自分自身が自分の欲望を叶えるための使用人になり、姫が欲を募らせるほどに、時間もエネルギーもどんどん吸い取られていくのである。冒頭で「可能性は危険だ」と書いたのはそういうことだ。

そこまでしても、つまりは姫と使用人の一人二役を担ってでも、自分は本当に本当の姫のような暮らしがしたいのかを今一度考えるべきである……などと言うと、何か夢のないことを押し付けているように思われるかもしれない。でも実はそんなことはないのだ。

「姫の食卓」をあきらめた私は、決して敗北はしなかった。

最初は敗北そのものと思ったが、そうじゃなかった。その先には思いもよらぬ別の世界が広がっていた。代わり映えのない地味で平凡な食べ物を、日々「美味しい」と思える自分がいたのである。つまりは、当たり前に今ここにある平凡なものの素晴らしさに気がついたのだ。

もちろん、その素晴らしさは今までだってちゃんとそこにあった。でも私はいつだって、今ここにないものを追い求めること、そう「可能性」を追求することに忙しすぎて、足元に目を向ける余裕なんてこれっぽっちもなかったのである。

「ここにはないもの」ばかり見てきた私。つまりは何も見てなかった私。

そんな人間になぜ幸せが見つけられるというのだろう。

可能性を捨てることは、今ここにあるものの素晴らしさに気づくこと。そこに気づくことさえできたなら、自分で自分の欲の奴隷になる必要なんて、つまりは大変な時間と労力をかけて家事を頑張る必要なんて全然ないのである。

私のラク家事メモ③
いきなり一汁一菜はムリな人へのアドバイス

一汁一菜生活を送るようになって初めて、私は自分がいかに、起きている間はもう本当に絶えず、四六時中「今日のご飯何にしよう」と考えていたかということに気づいた。

だって、それをやめたらいきなり頭がスッキリ。何を考えても自由というスキマがたくさんできた。これまではそうじゃなかった。頭の中には絶えず何かが詰まっていた。で、その「何か」の正体とは、ほぼ「ご飯にまつわるエトセトラ」だったのだ。朝食べたら、昼は何にしよう？　昼食べたら、夜は何にしよう？　夜食べたら、明日は……？　と、もう本当にそのことばかり考えていたんである。

だから一汁一菜生活になって何が驚いたって、「時間が増えた！」ということだ。調理時間よりも何よりも、今日の献立を考えなくていいことが、これほど自分の自由時間を増やしてくれるとは全く想定外。その有り余る時間を使ってピアノやら書道やら、かねてやりたかったことに次々と挑戦しているのは前に書いたとおりである。

なので私としては声を特大にして、全ての人にこの一汁一菜生活をオススメしたい気持ち満々なのだが、そうは言っても、現実にはそうもいかないことは私にもわかる。

一人暮らしならともかく、家族がいると毎日一汁一菜では「食べる人」からクレームがつく確率は低いとは言えないだろう。もちろん「作る人」と「食べる人」が固定化していることが絶対おかしいし、「文句を言うなら自分で作りなはれ！」と声を大にして言いたいところだが、その言葉が素直に受け入れられるくらいならそもそもそんな苦情は出ないだろうし、最初から理想を厳密に追求しても物事は前に進まない。

それに、たとえ一人暮らしでも、いきなり一汁一菜となると今の食卓との落差が大きすぎて「そこまではちょっと……」という人も少なからずおられよう。

ということで、ここでは一汁一菜とまではいかずとも、レシピ本など見ずにパパッと献立を立て、30分もあれば余裕で「それっぽい」食卓が完成する方法をお伝えしたい。

ちなみに私がこの方法を編み出したのは、老いた母が思うようにご飯が作れなくなり、週に一度実家に通って夕食作りをするようになったことがきっかけだった。当時の私はレシピ本を見ないと料理ができず、ガチガチに献立を決めて材料を買い揃えてから実家を訪ねていたのだが、そのうち、実家の冷蔵庫にはすでに余った食材が大量に詰まっていて、その多くが腐りかけていることに気づいてハッとした。

ここに私が買っていった材料の残りがさらに冷蔵庫を埋め尽くしたら、老いた両親の生活はさらに混乱するだけではないか！

そうだよ私がすべきことは、放っておけば捨てることになるであろう冷蔵庫の食材をうまく消費していくことなんじゃないか？

ということで、私は生まれて初めて「あるものを使ってその場で献立を考える」ことに挑戦することになった。しかも滞在時間は限られていたので、できるだけ短時間に調理できることが望ましかった。

で、試行錯誤の末に私がたどり着いた方法が、何を作るかは別として、まずは「調理法別に3種類作る」と決めてしまうことである。

その3種類とは……

① 火を通さないおかず（サラダ、漬物など）
② さっと火を通すおかず（炒め物、焼き物など）
③ じっくり火を通すおかず（煮物、汁物など）

やってみればわかるが、こう整理するだけで献立を考えるのが格段に楽になるんですよ。

例えば、秋口ならばスーパーに行くとサンマがずらずら安く並んでいたりする。となると、そうだ今日はサンマにしよう！　となるわけで、この段階でひ

とまず、

②（さっと火を通すおかず）　サンマの塩焼き

が決定である。

ここまでくればもう献立はできたも同然で、あとは冷蔵庫の残り野菜（絶対何かありますよね）を使って、

①（火を通さないおかず）　レタスときゅうりとトマトのサラダ

が決定！　あとは、そこらにジャガイモとニンジンでも転がっていれば、

③（じっくり火を通すおかず）　ジャガイモとニンジンの醬油煮（肉を入れれば肉じゃが、サバ缶入れればサバじゃがですね）

ってことで、たちまち立派な献立が出来上がるのがわかっていただけたでしょうか?

やってみればわかるが、このように火の通し方にバリエーションがあると、献立としてのバランスが良くなるので、どんな手抜き料理でも、あるいは和洋中どんな料理を組み合わせてもバッチリ決まった感じになる。

なのでこの3パターンさえ守れば、あとはやりたい放題。

例えば①は、「スーパーで買ってきた漬物を切って皿に並べるだけ」でもいいし、もちろん「冷蔵庫の余った野菜やらチクワやらを適当に切ってマヨネーズを添える」のでもいい。野菜を塩で揉んで「即席漬け」にしても。

②は、「冷蔵庫に残っている半端な肉と野菜を炒める」とか、「買ってきたコロッケを皿に盛る」とか、「冷凍餃子を焼く」とか。

③は「煮物」っていうと難しそうに思う人もいるかもしれないが、要するに余った野菜やら肉やらを鍋に放り込んで水分を足してグツグツ煮れば煮物です。代表的なものはご存じ「味噌汁」。これを煮詰めて水分をなくせば、いわゆる煮物になる。味付けは醤油や味噌やポン酢など、要するに適当に塩味をつけれ

ばオッケー。味見をして、薄ければ塩分を足し、濃ければ水を足す。

またこの方法だと、それぞれ調理方法が違うので料理の段取りがとってもラクになるのも大変良いところである。

具体的な手順はこうだ。

まずは③の煮物からスタート。材料を切って鍋に放り込んで水分と調味料を入れて蓋をして火にかけコトコト煮ておく。このまま放っておけばとりあえず一品完成と思うと気持ちもラクである。

で、あとは②に取りかかり、そのスキマ時間を使って野菜をカットするなどして①を作る。

例えばさっき例に挙げた献立を例にとれば、サンマに塩をしてグリルで焼いている間に、冷蔵庫からレタスなど取り出してちぎっては大きな皿に放り込んでいけばよろしい。で、それが終わったらグリルのサンマをひっくり返し、さっきのレタスなどにオイルと好きな調味料（醤油、ポン酢など）をテキトーに回しかけザザっと混ぜればサラダの完成です。で、あとは焼きあがったサンマと、最初に火にかけておいた煮物を皿に載っければ、さあできた！

どうですか。これなら「今日のご飯何にしよう」と頭を悩ますことなく、余った食材をうまく使ってパパッと献立を作ることができそうな気がしませんかね？

実際、私はこの方法を編み出してから、生まれて初めてそのようなことができる人になった。「冷蔵庫にあるものを使ってパパッと」っていうのは「料理上手」の代名詞のようにいわれ、私も長年そういう人になりたしと強く憧れてきたんだが、ただ冷蔵庫の中身を眺めるだけじゃ、一品（サラダなど）はなんとか思いついても、献立などさっぱり思いつくことができなかった。

でもこの①②③の法則を使うことで頭の中がスッキリ整理されて、「献立を思いつく」ことができるようになった。そうなってみると、全く手間をかけない料理でも、バランスさえ取れてれば満足して食べてもらえるなってこともわかってきて、料理にかかるプレッシャーがぐんと減った。その延長線上に、今の一汁一菜生活がある。

なのでこの方法、「今日のご飯何にしよう」というエンドレスな料理地獄から抜け出す一歩として、多くの人にお勧めする次第であります。

家事の分担こそ諸悪の根源

家事をラクにするための必須要件として、「便利をやめる」「可能性を求めない」という、現代日本の常識に真っ向から反旗を翻す挑戦的な提案をしてきたわけだが、いよいよ、そのトドメともいえる最後の原則を発表させていただく。

・その3　家事の分担をやめましょう

これも「え?」と思われること間違いなしであろう。

だってそもそも分担とは、家事をラクにするための常識である。イロハのイである。

例えば洗濯をする時、お父さんとお母さんと子供の三人家族だとして、その中の誰かが三人分の洗濯をするのが現代では当たり前だ。問題になるとすれば「誰が」という部分であって、「誰かが」やることそのものに疑問が挟まれることなどまずないだろう。そりゃそうだ。物事を効率的にやろうと思えば、分けてやるのでなく

「まとめてやること」である。誰かが全員分の洗濯物をまとめて一気に洗濯機に放り込むのがどう考えても合理的だ。

で、私はそこにまさかのダメ出しをしようというのであります。

各々が手で洗う方が合理的？

お父さんも、お母さんも、子供も、自分のものはそれぞれ自分でチマチマ洗おうと言いたいのだ。しかも「便利をやめる」の原則に沿うならば、洗濯機でなく手で洗おうと主張したい。念のため釘を刺しておくと、これは何かの修行でも根性論でもなく、その方が圧倒的に家事がラクになりますヨという親切なご提案である。極めて合理的な選択肢として、このことを強くお勧めしたいのである。

無論、なんで？　ということになろうと思いますので、以下、順を追って説明させていただきます。

これほど便利なものが次々売り出される世の中なのに家事の負担がちっとも減らないのは、その根っこを掘っていけば、結局は、どこまでも暴走し続ける私たちの欲望が原因なのだ……ということをこれまで繰り返し説明させていただいた。

なぜなら、そのどこまでも欲深いご主人様の面倒をみる（家事をする）のは、よほどのお金持ちでもない限りは自分自身。なのでこの悪魔のからくりから脱出するには、まずは自らの欲望を制御すること、暮らしを小さくすることが一番シンプルで簡単かつ確実な解決方法なのだ。

ところがですね、このシンプルで簡単な解決方法を許さない存在がいるのだ。

それは「家族」というやつである。

「私はいいんですよ。でも家族が……」

そのことに気づいたのは、この私の今の暮らしぶりについて、人様に向けて講演（自慢）させていただいたことがきっかけであった。

いやネ、講演、自分で言うのもなんだが案外に好評なんですよ。江戸時代に戻ったような暮らしなんて皆様きっと拒否反応を引き起こすだろうと思いきやちっともそんなことはなく、興味津々で笑いながら耳を傾けてくださる。そればかりか講演後は「そんな生活、憧れます！」などとおっしゃる方々にガヤガヤ取り囲まれることだって少なくない。で、当然のことながら気を良くしていると、次に必ずといっていいほどこう言われるのであった。

「でもまあ、実際にはとてもできませんけどネ……」

ここで、カクッとくるわけです。そ、そーなんスか……いやまあ、確かに冷蔵庫がないとか、毎日一汁一菜とか、さすがにちょっと地味すぎてハードルが高いですかねやっぱり……などと多少がっかりしていると、いやそうじゃありませんとのこと。「私はいいんですよ。でも家族が……」

なるほど、そうきましたか。

それを持ち出されると、弱い。

何しろ当方ずーっと一人暮らし。一家の主婦などやったこと一度もなし。確かに言われてみれば、洗濯機などなくても毎日タライで手洗いすれば10分で洗濯終了というのは一人暮らしだからこそ言えることで、お父さんの下着やシャツ、子供の部活のユニフォームなど洗うとなったら、タライ一個なんて冗談じゃないですよね。料理だって、自分一人なら一汁一菜で満足だとしても、家族のブーイングを無視してそれを押し通すとなれば、最悪、一家離散の危機に陥るかもしれない。私とてそこまで責任は持てぬ。

なぜお母さんが全員分を洗う？

それを思うと、そのような家族持ちの方々に対していかにも配慮が足りない無責任な提案をしてしまったと反省するのであった。なので最近では必ず、講演の中で「ま、独身だからできることですけどネ！」という一言を添えるようにしている。

でもですね、あまりにも毎回同じことを言われるわけです。

なのでちょっと真面目に考えてみた。これって本当に「家族がいるから無理」なことなのだろうか？

そもそもなぜ、お母さんが当然のように家族全員の洗濯物を洗っているのだろう。みな、自分のものは自分で洗えば良いではないか。洗濯なんぞ大したスキルがなくとも大人でも子供でもできることだ。何しろ生まれてこのかた１００％洗濯機頼みだった私だって、50の手習いで今や日々タライ一個で問題なく洗えるんである。

さらに言えば、これは別に特殊な提案というわけでもなくて、我が親の世代が子供の頃は、自分の汚れ物は風呂に入るついでに風呂の湯で洗うのが普通だったそうだ。老親曰《いわ》く「結構楽しかった」とのこと。

ウン、その気持ち、今の私にはよくわかります。その日の自分の汚れ物を自分の手ですっきり洗うって、なんか一日がリセットされるような、その日の嫌なことが汚れとともに流されていくような感じがするんですよね。

分担という名の丸投げ

そうなのだ自分のことを自分でやるって、実は自分の心身の健康のためにとっても大事なことなのだ。

掃除だって、お母さん一人が全部の部屋を掃除するから大変だし腹も立つんであって、お父さんも子供も自分が散らかしたものは自分で片付け、自分が汚したものは自分で掃いたり拭いたりすれば、実は全く大変なことでもないし、各々の精神衛生上もいい。

なのに、なぜそうしないのか。家族が一緒に暮らしているからといって、なぜ家事を「分担」して、誰かが全員分のものをまとめてやらなきゃいかんのか。

「効率的」だから？

いや実はここにはワナがあって、現実は決してそうとはいえないのではないでしょうか。分担といえば聞こえはいいが、各種調査を見れば現実にはお母さんが多くを引き受けている場合がほとんどで、結局お母さん以外のメンバーは自分の後始末を他人に丸投げしてるんである。

つまりは、お母さん以外のメンバーは全員がワガママな王様お姫様王子様状態、やりたい放題欲望全開。だらしなく欲望を垂れ流し、とどまるところを知らない。前に書いたように、これが「自分で自分の家事をする」人、すなわち自分が姫と使用人の一人二役をしなけりゃならない人であればその欲望の恐ろしさも実感できようが、自分のケツを他人に拭かせている輩は底に大穴の空いたバケツである。「今日のご飯なに〜」「えー、今日もナベ？　最近手抜きなんじゃないの〜」などとのたまうあなたは何様か。念のため教えてさしあげれば何様でもないのですよ。ただの凡人です。なのにそれにも気づかない。このような残念な方々に取り囲まれているがゆえ、そのような方々の一方的使用人と化したお母さんの家事負担とモヤモヤ感はとどまるところを知らないのである。

つまりはですね、「家事の分担」なんぞしている限りは、お母さんのひどすぎる家事負担はどこまで行ったってなくなりはしないのだ。

家事を他人任せにした人の末路

というわけで、あえて声を大にして言いたい。

家事の分担、もうやめませんかと。

決して非現実的な提案ではないと私は思う。高度に発達した文明社会に暮らす我々は、狩猟時代みたいに一から火をおこして肉を焼いたり、動物の毛皮をなめして衣服を手作りしたり、江戸時代みたいに重たい着物を洗濯したりしてるわけじゃない。家にはガスコンロもあるし、衣類だって軽くて乾きやすいものばかり。自分の身の回りのことを自分でちゃっちゃとするくらい、全部合わせてもせいぜい40分ってことは私が証明済みである。

もちろん、このようなことを実行しようとすれば、最大の抵抗勢力は現在、家事を分担してもらっている人、つまりは多くの場合、夫やお子様方ということになるだろう。

でも実は、家事分担をやめて最も恩恵を受けるのは、その人たちなのであります。家事分担を誰かに押し付けている人たちは、決してラッキーな存在ではない。それどころか結局は最も大きなツケを払う方々である。

家事のできない定年後の男性が、何もせず家にいて「メシ」「フロ」などとのたまい、妻にウザがられ呆れられ身の置き所をなくすというのは有名な話だ。人生100年時代となった現代において、これは間違いなく生き地獄そのものであろう。それでも妻がいるうちはまだ幸福である。私は新聞記者時代の取材で、元は社会的地位もありブイブイいわせていた人が、妻に先立たれた途端に家も着るものも表情も、なんともいたたまれない感じに崩れ落ちていくのを何度か目撃し衝撃を受けた。それは実にやるせない光景だった。最終的に人を支えるのは「金でも名誉でもなく家事力」なんだと強く心に刻んだことである。

人生を左右するのは金でも名誉でもなく家事力の有無

だいたい、家事をしない人は、お金を稼ぐことはできても案外「使うこと」ができない。使うといえば、飲み代とか、趣味の何かを買うとかいうことであって、つまりは「小遣いの使い方」しか知らないのだ。

いうまでもなく、最も大事なのは小遣いではなく生活費の使い方である。自分の人生の土台を成り立たせるための堅実な支出の方法である。つまりは「生きていくのに実際いくらかかるのか」という実感である。

これは家事をして初めて身につくことだ。これができていないと、お金に対してただやみくもに執着することになる。

最低限これだけあればなんとかなるという「軸」がないので、何はともあれお金がたくさんなければ人生はどうにもならないと思い込み、定年後に身の丈に合わないオイシイ再就職や起業など夢見て挫折しウツになったりするのはこのような方々だ。一方、家事ができる人は、限られたお金を使って自分の幸せを自分で作り出す体験を積み重ねて来ているので、会社を辞めて一人になっても、慌ててお金のために再び時間を犠牲にする人生に飛び込んでいかずとも、ゆったり構えて自分の好きなことや人に喜ばれることをライフワークとすることもできる。人生の選択肢が飛躍的に広がるのだ。

これはとても重要なことだ。コロナのことを例に出すまでもなく、定年後に限らず一年先には何が起きるかわからない混迷の時代である。安泰と思っていた仕事や人生がある日突然、自分の手に負えないところで突然損なわれることは、誰の身にも起こり得る。その時、頼りになるのは、周囲がどうなろうと自分の力で自分の人生を幸せにできる力、すなわち家事力以外の何があるのかと私は言いたい。

そして、その貴重な能力を子供のうちから身につけていれば、長い人生の不安は確実に減ることはいうまでもない。いやよく考えると、家事を身につけるのは現代の若者にこそ必要なことかもしれない。格差が開く一方の社会にあって、どんな親のもとに生まれてくるかは誰にも選べない。育児放棄や虐待といったことに遭遇することもあるかもしれない。その時、家事ができること、すなわちお金に頼らず自分で自分の生活を整える手段を持っていることは、理不尽な困難さをどうにか生き延びるための超有力な助っ人になるはずである。

無論、そこまで行かずとも、これほど目まぐるしく変化する社会において、かつてのように「普通に学校を出て、普通に就職し、普通に家庭を持ち、普通に人生を全うできる」人などほとんどいないと想定すべきである。懸命に努力していても、積み上げてきたものが一瞬にして瓦解することだって十分あり得るのだ。そんな社会の中では、自分自身の生きる力が何よりの頼みである。

なので、学力を身につけるのと同じくらい、いやむしろそれ以上の熱心さでもって、家事力を身につけることが、若者の将来を明るくする何よりも確実な方法ではないだろうか。

家事とは最も確実な自己投資である

何度も言うが、家事ができるとは、一言でいえば「自分のことは自分でできる」ということ。日々健康的で美味しいものを食べ、すっきり片付いた部屋で自分に似合うこざっぱりしたものを着て暮らす。それができるのが「家事ができる人」だ。

その人は間違いなく幸福だ。お金があろうとなかろうと、幸福は自分自身の手で簡単に手に入れることができるのだから。家事ができることは最も確実な自己投資であり、何は無くともちゃんと生きていけるという究極のセーフティーネットである。今話題のベーシックインカムなど夢見ずとも、誰だって、今すぐわずかなお金で健康で文化的な生活を営むことができる。一寸先は闇の世の中でも、臨機応変に泰然として生きていける。

家事を人に丸投げしている人は、これほどの宝を自ら投げ捨てているのである。

ってことで、家事の分担をやめたらば、誰か一人に集中している理不尽な負担が減るのはもちろん、誰もがそんな貴重な人生の宝である家事力を身につけることができて全くいいことづくめじゃないかと考えるわけです。

大丈夫。何も恐れることはありません。何度も書くが、炊事洗濯掃除合わせてもせいぜい40分。それを身につけるだけで生涯の人生の安泰と幸福が保障されるんだから、これほどノーリスクでハイリターンな投資はないよ。暗号資産投資やろうかどうかと迷う前に、分担やめて、一人一家事。それで全員が確実に救われる。

これをやらない理由なんてないじゃんと私は思うわけです。

私のラク家事メモ④

ゼロから料理を始めるあなたへのアドバイス

家事の中でもこと料理に関しては、一昔前に比べたら「女性がするもの」という感覚は薄れてきたことは間違いない。若い男子の料理研究家も大人気ですしね。良きことと思う。でもいたるところにコンビニもスーパーも安価なフードチェーンもある時代。性別に関係なく「忙しいし疲れてるのにわざわざ料理したくない」人は増えているのではないか。

まあそうなりますよね。２０２２年の民間会社の調査では、自炊しない人は四人に一人とかなりの高い割合である。（「食の窓口」２０２２年2月実施）

つまりはですね、これまでは料理しない人といえば、主に「一家の主婦に料理を押し付けている人」だったのが、昨今では、誰彼問わず料理は「外にお任せする」という新しい生活スタイルが一部で定着しつつあるといえよう。

別に料理なんかしなくたって、自分のお金で外食したり惣菜を買ったりするのに何の問題が？

はい。それはそれでごもっとも。だが「食べる」というのは、我らがイキモノである限り誰も逃れられない行為、人生の首根っこ、急所である。ここを「何か（コンビニなど）に頼らないとお手上げ」にしてしまうリスクは計り知れないのではないだろうか。大きな地震が起きて大停電になった地域で、スーパーもコンビニも全て閉まってしまい「餓死するかと思った」とインタビューに答えていた人がいた。スーパーやコンビニが閉じたくらいで餓死してはいけない。それに何かあった時はもちろん、何もなくても、人生の根本の土台がいつもグラグラしているのは深いところで人を不安にするものだ。

でも実はそんなこと、私ごときが言うまでもなく、自炊しない方々も薄々わかってると思うんですよね。「料理はできた方がいい」とは心のどこかで思っている。でもそのハードルが高くてなかなか実行に至らないというのが実際のところではないでしょうか。

先の調査では、自炊しない理由に「面倒だから」「料理が下手だから」を挙げた人が4分の3を占めていた。裏を返せば、料理は「面倒なこと」「うまく作るのは大変なこと」というのが世の中の常識になっちゃってるからなかなか手が出ないのだ。出したところでどうせうまくできないだろうし、だからなかなか手が出ない……という無限ループ。ここをどうにかしない限り、いくら「やってみたい」と思ったところで、実際にはやっぱりやらないと思うんです。

ってことで、まず何よりも肝心なのはこの「料理を美味しく作る」のは「大変なこと」という「常識」を乗り越えることだと強く思うのだ。

と言いますか、私はこの常識を乗り越えたからこそ、今こんなにラクラク料理をできているのである。

まず「美味しく作る」必要なんて全くなし！　食えれば良いのだ食えれば。原始時代の人類のことを想像してみよう。そのままじゃ硬くて、あるいは生臭くてどうにも食えないってものを食えるようにするのを料理というのだ。どうにか食えればそれを「美味しい」と総括すれば良いのである。

それから「大変なこと」なんて一切やる必要なし！

料理は誰でも簡単にできるからこそ、人類は今日まで生き延びてきたことを忘れてはならない。なのに料理が「大変なこと」になっちゃうのは、単にあなたが「大変な料理」を作ろうとしているからだ。

なのでまずは一度、どこまでもエスカレートする食をめぐる情報洪水から離れよう。「フランス家庭の食卓」とか「絶品おかず」とか、あれもこれもの「美味しそう」な情報をちらりと冷めた目で一瞥し、手間をかけて美味しいものを作るのはその道のプロに任せておけば良いと割り切ろう。自炊とはなんの手間もかけず、特に美味しいというわけでもないフツーのものをフツーに作るということである。自炊が「特別なこと」「得意な人がやること」であっていいはずがない。繰り返すが「おなかを壊さず、食えればＯＫ」なのだ。

ってことで、まず取り組むべきは、「ご飯を炊くこと」「味噌汁を作ること」である。

これなら誰でもできる。レシピ本など参照するまでもない。まずご飯だが、今じゃ炊飯器というものがあるから、米と水の分量さえメーカーの指示通り測れば誰だってかなりのハイレベルなメシが炊ける。で、その自分で炊いたほかほかご飯をありがたく食べれば、それだけで「うーん……」と唸るほどの幸せとエネルギーを感じることができる。生きる力が湧いてくるとでもいおうか。それは「美味しい」というような表面的な感覚とは全く別のすばらしい感情である。

で、そのエネルギーをさらに増幅するのが味噌汁。

これはご飯より少し複雑な工程を必要とすると思うかもしれないが、最初からそんな大変なことをする必要など全くない。味噌汁とは「味噌」の「汁」なのだから、まずはその名のとおり作ればいいのだ。カップに味噌をひとさじ入れ、そこに湯を注いで味噌を溶かす。それで良いのである。

味が足りなければ「かつお節」をパラっと。おしゃれに仕上げたければオリーブオイルやごま油をひとしずく。さらにパンチが欲しければネギなど刻んで上に乗せ、ちょっと具も欲しいってことになれば乾燥ワカメをぱらっと入れて……と、このように段階的にトッピングを増やしていけば、いつの間にか残り野菜などチャチャっと活用できるようになるのは時間の問題だ。

でも最初からそこまでする必要はない。ご飯とシンプル味噌汁さえ瞬時に作ることができれば、あとは納豆だのノリだの漬物だの生卵だのイワシの缶詰だの添えれば、大変立派な食卓の完成である。

そうなんだよ料理なんてこんなもん！　オイシイもマズイもない。つまりは成功も失敗もない。やれば確実に「満足」できる。

人生にそんなものが一つぐらいは絶対にあるべきだ。

3　家事こそは最大の投資である理由

3原則の先に待つ夢の世界

ここで復習です。家事を圧倒的にラクにするためのイナガキ流3原則は以下のとおり。

① 便利に頼らない
② 可能性を広げない
③ 分担をやめる

色々書いたが、一言で言ってしまえば「欲に振り回されず、自立してシンプルに生きる」ということだ。そのように人生が単純になれば、人生の一部である家事も当然単純になるのである。

言うてみればそれだけのことである。

でもこの現代という欲望社会で、それだけだとあまりに修行っぽいというか、身もフタもないというか、ストイックすぎて楽しそうな感じがしないと思われるかもしれない。

というか、そう思われること確実な気がする。

なのでダメ押しとして、この3原則を実現したらどんなグレートな人生が待っているのかを念のためお知らせしておこうと思う。

これも実際にやってみるまでは予期していなかったことばかりだった。だって面倒な家事がなくなるだけでもとんでもない朗報なのに、さらにその先に、現代人の憂いを吹き飛ばすような朗報がいくつも待っているなんて、そんなウマい話がこの世の中にあるわけないではないか！

でも、あったのだ。

圧倒的なローコスト

まずは、なんといってもこれ。

家事がラクになると生活コストが圧倒的に減る！

つまりはお金が貯まる！

……と大層に言うてみたものの、これはまあ当然といえば当然だろう。

だってラク家事生活とは、欲を減らし、便利なものに頼らず、地味な暮らしに満足して生きることでもあるのだから、当然、暮らしは質素にならざるをえない。

でも実際にやってみて、想像を超えるその圧倒的なローコストぶりには我ながらびっくりしてしまった。

というのはですね、そもそも「買う」という行為そのものが、ラク家事を始めて以来、私の中で突然、「キラキラした楽しみ」から、ヤバすぎる「要注意行動」に成り下がってしまったのだ。「買う」＝「家事が大変になる」、つまりはモノが増え、生活が複雑になり、掃除や整頓が大変になるという悪循環のスイッチオンでしかないという超ネガティブイメージが真っ先に思い浮かぶということになってしまったんである。

買うということは人生を豊かに明るくする絶対確実な方法と信じていた価値観からの180度の転換である。

お金の方から寄ってくる?

ついこの間まで「可愛い!」「楽しそう!」「美味しそう!」と夢中になって飛びついていた可愛い食器も、ゴチソウ食材も、かっこいい調理道具も、流行の服も、アクセサリーも、新しいインテリア商品も、今や「料理に時間がかかる」「ものが溢れて掃除が大変」「とてもじゃないが整理整頓しきれない」「洗濯がむずい」という「地獄への切符」にしか見えない。

というわけで、全く手が伸びない。

我ながらすごいと思うのは、お金を使わない理由が「お金惜しさに我慢している」わけじゃ全くないということだ。ただただ欲しくないんである。こんなメンタリティーになってしまうと、なんの節約の苦労も忍耐もなく、ふと気づけばいつの間にか買うものがほとんどなくなっている。

日々買うものと言ったら、野菜と豆腐、たまに米と乾物と調味料。あとは数ヶ月に一度、掃除・洗濯用の重曹やクエン酸を買い、シーズンに一度下着を買い換える。ほぼそれだけ。それで十分「健康で文化的な生活」が成り立つんである。それどころか、モノが減って家の中もスッキリ、時間にも気持ちにも余裕ができて、お金を使いまくっていた時と比べて何倍も健康で文化的な生活になっているのである。つまりは「お金を使わない方が豊かな暮らしができている」のである。

私はもう完全に、お金と豊かさの関係がわからなくなってしまった。

しかし皮肉なことに、そうなってしまうとお金が貯まるんである。「貯める」んじゃなくて「貯まる」。何しろ使いみちがないのだから……。

最近、お金って、まるで恋愛相手みたいだナと思う。欲しくてたまらなかった頃は、追いかけても追いかけても逃げて行く。しかし「別にいらない」となったらひたすら寄ってくるのであります。

まさかこのような境地に達する日が来ようとは。

災害にもビクともしない

そしてラク家事生活とは、災害があってもビクともしない生活でもある。

これは、少々意外に思われるかもしれない。

だって、余分なものを持たないのがラク家事のキモであるわけですが、災害の多い昨今は「いざという時に備えて数日分の食料や生活必需品を備蓄しておけ」というのが世の常識となっている。実際、私の暮らす東京でも、台風など接近しようものなら、スーパーの棚から様々な備蓄品がごっそりなくなるといったことが実際に起きている。

で、改めて我が身を振り返ったわけです。こんなに何も持っていない私。普段は良くとも、災害があったらどうなっちゃうのかと。

で、結論はすぐに出たね。何の問題もなし！　いやむしろ、ラク家事生活ほど災害向きの生活はないということに改めて気づいたのだ。

何しろそもそも「便利」に頼っていない。私の場合はそこをとことん極めた結果、今の世界的エネルギー危機による電力高騰の時代にあっても電気代は月２００円ちょっと、ガスはそもそも契約しておらずカセットコンロと銭湯で生きている、水道も月に1㎥しか使わない、つまりはそもそもライフラインに頼っていないのである。となれば、災害に強いどころか「常時災害」生活である。

災害でライフラインが全て途絶えようが、いつだって洗濯もできるしカセットコンロでメシも炊けるし掃除もできる。少なくとも一週間はフツーに家事をして、普通に生活できる。冷蔵庫も持っていないので、冷蔵庫の電源が落ちたとて何の影響もなし。食材はいつだって漬けたり干したりして常温で常備しているので世界がどう壊れようともストックには事欠かない。

便利をやめれば自分が育つ

自分で言うのもなんだが、こんなことができる人が、果たして現代においてどれほどいるだろうか？

つまりは「便利をやめる」など言われるとどうしても、何か大きな宝物を手放さなきゃいけなくなるような心細さに見舞われてしまうけれど、本当はそうじゃないのだ。便利をやめたらその分、どうしたって自分の中に知恵や経験が蓄積されていくんである。モノは思わぬことでいつ失われるかわからないし、災害グッズも時とともに劣化するけれど、知恵や経験は時とともに蓄積される一方である。

というわけで、私、台風が来ようがコロナで緊急事態になろうが、慌ててスーパーに走ったことも、走ろうと思ったことも一度もない。その必要が全くないのである。

何があろうと平常通り。泰然自若。全く大人物になったものだ。

何が起きるかわからない時代において、何が起きても大丈夫とでんと構えていられることは、やってみればわかるが実にこれ以上の安心はない。ラク家事生活こそ実は最先端の暮らしなんじゃないかと密かに自負する今日この頃である。

ゴミ出しは2ヶ月に一度

家事をやめて、我が生活はめちゃくちゃエコになった。はっきりいって究極のエコライフと自負している。一人ＳＤＧｓと呼んでほしい。

これも、全然狙ったことじゃないのに、結果的にそうなってしまった。

何しろ家事がラクになるってことは暮らしがコンパクトになるということで、要するに日々キャンプをしているようなもの。となれば、フツーに無駄なエネルギーも使わないしゴミも出ない。電気ガス水道の消費の少なさは前述したとおりで、さらにゴミの量の少なさといったら我ながら驚異的だ。今や、燃えるゴミは2、3ヶ月に一度出せば十分である。

繰り返すが、環境のために無理をして何かに耐えているわけでも何かを目指しているわけでもない。普通にラクに健康に文化的に生活していたら、ただただこんなことになっちゃったんである。

で、これがやってみたら実に晴れやかで気持ちがいいのだった。

実際にそうなってみると、ものを無駄にしたり、ものを使い捨てたり、ゴミを垂れ流したりすることは、実は自分の心をそれだけ荒《すさ》ませていたのだということに気づく。ものを大切にするということは自分を大切にするということで、環境に優しく生きることは、自分に優しく生きることでもあったのだった。

なので、もう誰も優しくしてくれなくても大丈夫。ラク家事になれば自分で自分に優しくしてあげることができる。

で、さらにもう一つ。これはかなり重要なので次章で詳しく書く。

ラク家事生活は、実は究極の老後対策でもあったのである。

私のラク家事メモ⑤
生ゴミ堆肥で「一石五鳥」を体感する

我が家のゴミが驚異的に少ない理由の一つが、我が家には「生ゴミ」というものがそもそも存在しないということだ。

え、どういうこと?

と思われるでしょうが、理由は単純で、全ての生ゴミを肥料にしているのである。

きっかけは、ベランダで枯らせまくった花たち(↑ダメ人間)の置き土産として大量の「カッチカチの土」が発生し、それをどこにどう捨てて良いのやらという出口なき状況に悩んでいた時、「カッチカチの土を生ゴミでフッカフカにして野菜を育てる」という夢のような雑誌の記事を読んだことである。

早速、記事のとおりにやってみた。

必要な道具は「土嚢袋《どのう》」と「レンガ2個」（ホームセンターや金物屋で入手可能）と米ぬか（米屋でもスーパーでも手に入る）のみ。

まずは土嚢袋に「カッチカチの土」と米ぬかをブレンドしたものを入れておき、そこへ二日に一度、台所で発生した生ゴミと米ぬか一つかみを投入して混ぜる。で、袋の口をくるくるとねじって閉じてひっくり返し、20センチほど間隔をあけて並べたレンガの上にポンと置いておくのです。

それをしばらく繰り返して袋がいっぱいになってきたら、大きい植木鉢に、例のカッチカチの土で土嚢袋の中身を上下サンドしてぎゅっと詰め、適宜水分を与えながら2ヶ月ほど放置すると……あらふしぎ！　カッチカチの土がフッカフカで真っ黒な栄養たっぷりの土に！

……と書いてあるとおりにやったら、マジでそのとおりになりました。いやーもうびっくりです。神はいると。

そのフカフカの土で、春夏はバジルやシソ、唐辛子、秋冬は大根やニンジンや小松菜やサラダ野菜などを育てて食べる。そこで発生した生ゴミは再び肥料となり、野菜が育ち、それを食べ……って、どう考えても永久循環ですよね？　っていうか輪廻《りんね》転生？　しかも贔屓目《ひいきめ》に見て我が野菜はウマい。出来の悪い子ほど可愛いのだ。多少固くともエグくとも、ウマいと感じられるまで、細かく切ったり鬼のように炒めたりしてフムフムと食べるんだから絶対ウマい。それは買ってきたものを食べるのとは全く違う次元の喜びだ。このような行為そのものが「ごちそう」なのだ。

さらに奇跡は続く。

これを始めてからというもの、我が家のゴミ箱は、実に清潔感溢れたサワヤカな存在となった。なぜって中身の全てがサラサラと乾いている。ゴミという感じがしない。生ゴミが出ないということはそういうことなのである。かくして我が人生から、生ゴミが腐敗するイヤな臭いも、「早くゴミ出ししなきゃ」というストレスも、つまりはゴミそのものが消えた感じである。やってみればわかるが、それだけで人生は電球10個分くらい確実に明るくなる。しかもその明るさは、すぐ効果の切れる酒だのショッピングだのと違って永久。これほどのドーピング効果のあるものを私は他に知らない。

で、しつこいようだが奇跡はまだまだ続く。

先ほど、つい「野菜が育つ」と簡単に書いたが、実は、これが全く簡単でもなんでもない。野菜というのは人工的に作られたものゆえ「強い植物」ではないらしく、案外すぐ病気になったり虫の襲撃にあえなくやられたりする。特に「実がなる」野菜（豆やトマトやピーマンなど）は、肝心の実がなる段階で大変なエネルギーを使うらしく、お約束のように一気に枯れたり病気になったりするのであった。なので今ではハーブや葉野菜、ミニサイズの根菜をもっぱら育てている。

で、何が言いたいのかというとですね、こうしてささやかでも自分で野菜を育てていると「食べものを作る」ことがいかに大変かが大変よくわかるのだ。八百屋で粒揃いの美しいミニトマトが２００円とかで売られていると、思わず目を剝《む》く。「野菜が高い」とか文句を言う人がいるとイラっとする。いやむしろ激安だよ？　農家さま今日もありがとうございます、決して無駄にせず大切に食べさせていただきますという殊勝な気持ちが自然に湧いてくる。かくして我が家はフードロスという単語とは無縁。無駄な食材費を使うこともなくなった。

そして最後になりますが、さらなる奇跡についてもぜひ書いておきたい。

それは、「ゴミが立派な資源になる」ことのもたらす精神的効能である。そう世の中には本当はゴミなんてないのだ。全てはうまく循環さえすれば、次世代に立派に命が受け継がれていくのである。そう考えると、自分もきっと社会のゴミなんかじゃないはずと思えてくる。人の目や評価を気にする必要なんてない。ただただ一生懸命生きればいいのだ。

それが、私にとっては一番大きなことだったかもしれない。

ということで、ちょっとした道具で誰でも簡単にできて、さらに人生に大きな奇跡を次々引き起こす楽しい生ゴミ堆肥作り。一人でも多くの方に是非ともオススメしたい家事であります。

（土嚢袋を使った堆肥づくりを考案した門田幸代さんの改良版ノウハウは『新カドタ式　生ごみでカンタン土づくり』（学研プラス）に詳しい）

4 老後と家事の深い関係

当たり前のことが途方もない難事業に

これから書くことは、そもそも家事が得意でもなんでもないズボラな私が、このような公の場にて恥を忍んでも家事の話を書かねばならぬと思った最大の動機であり、是非とも一人でも多くの人に考えてもらいたいことであります。

それは、「老後と家事」について。

ナニ、老後と……家事？　一体そこに何の関係が……？　ハイもちろん私もずっとそう思っていた。老後も、家事も、それぞれ現代における解決困難な大問題には違いないけれど、全くジャンルの違う話である。関連づけて考えたことなどあるはずもなかった。

我が母の老いに直面するまでは。

母は、亡くなる3年前から認知症を患った。それは家族にとって、そしてきっと誰より母自身にとっても、暗中模索の3年間だった。何しろこの病は治らないのである。昨日できていたことが今日はできなくなっていくことの永遠の連続なのである。つまりは日を重ねるごとに「母がどんどん母じゃなくなっていく」のである。

その希望のなさが、何より辛かった。

中でも、母を苦しめたのが「家事」だった。

専業主婦で頑張り屋だった母は、完璧に家事をこなす人だった。毎日家中をピカピカに掃除し、大量の洗濯物を洗って干して、あれこれレシピ本を見ては凝った料理を作ってテーブルいっぱいに並べるのが母の当たり前の日常であり、プライドでもあったと思う。

だが病を得た途端、それは一気に、途方もない難事業と化した。

朝起きて、布団を上げ、着替えて、ご飯を作り、盛り付けて、食べて、後片付けをして、洗濯機を回し、干し、たたみ、掃除機をかけ……という当たり前の家事を前に、母はいちいち立ち尽くすようになった。それまでは普通だと思っていたあらゆることが、「できない」という容赦ない事実に直面してみれば、それを側で見ていた私も、全てが実は複雑な思考と判断と行動の連続で成り立っていたことに改めて気づかざるをえなかった。

家事とは超マルチタスクの連続

例えば「ご飯を作る」と一言でいっても、それは超マルチタスクの連続なのである。

まず、前日に食べたものや残った食材や家族の好物などを勘案しつつその日の献立を考え決断するところから始まって、あちこちの食材庫をチェックして足りない材料を調べ上げ、それをメモして買い物に行き、広大なスーパーで目指す食材を的確に探し出し、帰宅してようやく調理開始。

さらにここからがまた実にヤヤコシイ作業の連続。ご飯を炊き、その間に複数のおかずを並行して作るには、切ったりゆでたり焼いたり味付けしたりというバリエーションに富みすぎた膨大な作業を、全ての進行具合に的確に目を配りつつ、状況に応じて頭を切り替えながらサクサクと行わなければならない。

なのに、週に一度の訪問のたびに、母の「できないこと」は一つ、また一つと増えているのだった。

買いに行く食材のメモは取るけれど、取ったことを忘れてしまう。レシピ本のどの部分を今作っているのかしょっちゅう迷子になる。調味料の何をどれだけ入れたか入れていないのか絶えず混乱する。食器の置き場所がわからなくなって食器棚にあらゆる皿がゴチャゴチャに置かれる……想像したこともなかった混乱に直面するたびに、料理を作って食べて片付けるというただそれだけのことの途方もなさに眩《め》暈《まい》がした。

「便利なもの」が混乱の種に

料理だけじゃない。洗濯も全く簡単な作業ではなかった。

全自動洗濯機があったとて、干し終えた物を下着、靴下、タオル、ランチョンマ

の中のあちこちに分散したしかるべき置き場所に収めるにはかなりの記憶力を要する。

掃除も、まず整理整頓が大事業と化した。日々届く雑誌や郵便物やお知らせなどの紙類をいるものといらないものに分けることができず、次第に家のあらゆる机に紙がうず高く積みあがって収拾がつかなくなった。大量の洋服や小物類も、懸命に片付けるほど、どこに何があるのかがわからなくなるのだった。無類のオシャレ好きだった母が、部屋中に散乱した服の真ん中で敗北感いっぱいの顔をして首をかしげる姿は、なんともやるせない気持ちになる光景であった。

そんな母をなんとか助けようとして家族が買ってきた「便利なもの」たちも、母を救わなかった。というより新たな混乱の種となった。重い掃除機が負担だという母に、見かねた姉が軽いモップと据え置き型のモップホコリ取り装置を購入したのだが、母はその見慣れぬ新しい道具の使い方をどうしても覚えられず、何度教えても、毎回なんとかして重い据え置き型の装置を動かそうと奮闘しては途方に暮れるようになった。

少量のご飯を無理なく炊けるようにと父が買ってきた超小型の炊飯器も、母はそれまでと勝手の違うスイッチや蓋の取り付け方を覚えることができなくて、次第にご飯を炊くことそのものを嫌がるようになった。

膨大なモノたちが襲ってくる

つまりは母はどこをどう頑張っても、それまでこなしてきた「完璧な家事」を、とてもじゃないがこなすことができなくなっていった。精一杯トライはしていたのだ。でも母がやってきたことのハードルはあまりに高かった。これまでは豊かな暮らしの象徴だった、膨大な食材、膨大な食器、膨大な服、膨大なタオル……ありとあらゆる膨大なモノたちが、一気に母に襲いかかってくるようだった。

母はそのうち、一日中探し物をするようになった。でもいくらひっくり返しても目当てのものは決して見つからず、家はくちゃくちゃになり、週に一度私が行くたびに母は「ごめんね、くちゃくちゃでごめんね」と寂しそうに笑うようになった。別に良かったのだ。家がくちゃくちゃだって、母が元気でいてくれたらそれで良かった。

でも、人とはやはりそんな状況では元気じゃいられないのだ。自分のあるべき自分でいたいのだ。そして確かに家事が滞り生活が崩れていくと、母が母ではなくなっていくようで、それを見ている家族も辛かった。いつもきちんとしていた母が、きちんとしていない姿で、きちんとしていない部屋の中に無表情でぽつんと座っているのは、やはり見たくない姿だった。

そして誰よりも母自身がそんな自分は見たくなかったと思う。そんな自分を許せなかったのだと思う。母はどんどん元気をなくし、私が行っても悲しそうな顔で「疲れた」「息が苦しい」と言ってすぐに寝てしまうことが多くなった。

それでも家事は「生きる動機」

でもその一方で、母は果敢にチャレンジを続けてもいたのだ。

ほぼ一日中万年床に横になる生活になってからも、何かの拍子に起きてきては、広告の紙をチリトリ代わりにして床の小さなゴミを集めようと（これはナイスアイデア！　さすが我が母！）頑張り、料理をしていると弱々しい声で「手伝おうか？」と声をかけてきた。母にとって、家事をすることは人生そのものだったのだと思う。いろんなことがうまくいかなくなっても、やるべきことであり、そしてやりたいことでもあったのだ。

それは、日に日に縮んで消極的になっていく母にとっては、貴重な「生きる動機」だった。

そうなのだ家事って実はすごいことなんである。どんな小さなことでも、自分で自分のことができるということ。そして何かの役割を担っているということ。それは誰にとってもものすごく大事なことだ。というか、それがなければ人は本当の意味で生きていくことはできないのかもしれない。

出口のない辛い病を得た母に「家事」という生きる動機があることに、私は心から感謝した。でも一方では、それがうまくできないことが母を苦しめ、情けない思いをさせていたのだった。

一体どうすればよかったのだろう。

っていうか、そもそももっと簡単に家事をすることはできないのだろうか？

問題は「家事」じゃなくて「欲望」

私は母に、そんな凝った料理を作らなくたっていいじゃない、ご飯と味噌汁と焼き魚で十分ごちそうだよ。それなら毎日献立を考えなくたっていいし、ワンパターンだから料理もラクだよと何度も提案した。母は「うん……」と頷《うなず》いていたが、決して納得はしていなかったし、実行しようともしてなかった。

母の万年床の横には母が大好きだったレシピ本が置いてあり、昔よく作っていた凝った料理のページをいつも見ているのだった。でもそれを作ることは、母にはもう多分できないのだ。それでも頑張り屋の母にとっては、その凝った料理を作ることこそが「料理をする」ということだった。毎日ご飯と味噌汁と焼き魚なんて、それは母にとっては「料理」とは言えないものだった。

母はいつだって、もっとおしゃれな、気の利いた、日々違う料理を作ろうと頑張ってきた。それを否定することは母を否定することだったのだと、今になってわかる。

なるほどそうなのだ。

問題はここにあるんじゃないだろうか。

真面目で頑張り屋の母は、家事をあまりにも大変なものにしすぎていた。それはもちろん、我ら家族のせいでもある。我らはそんな母の「完璧な家事」をいつも期待していた。日々ごちそうを食べること、膨大なものがいつも収まるべきところにきちんと収まっていることを、当たり前のように受け止めてきた。

つまりは、問題は家事そのものじゃなくて、肥大化した我らが欲望なんじゃないだろうか。

最後まで明るく元気に生きるために

そうだよ。もしも我らの暮らしがもっと質素なものであったなら。必要最低限のものを持ち、必要最低限のものを食べ、必要最低限のスペースで暮らしていたならば、家事はもっとずっと単純で楽なものだったに違いない。毎日同じ基本的な料理を作り、毎日最低限のものを洗い、毎日小さなスペースをホウキでさっと掃くだけで、家の中がちゃんと整うような質素な暮らしをしていたならば、母はもっと長い間、それを無理なくこなし、自分の人生を自分の力で生きているのだ、やるべきことをやっているのだという誇りと充実感を持って暮らすことができたんじゃないだろうか。

そして、これは認知症という特定の病気に限った問題ではないのだと思う。

結局、認知症とは「急激な老い」である。つまりは病にかかろうがかかるまいが、我らは誰もがいつかは老いて、それまでできていたことが一つ一つできなくなっていくのだ。そんな中で、悲しみや情けなさに押しつぶされることなく、前を向いて最後までどうやって明るく元気に生きていくのかを、誰もが、リアルに、懸命に考えなければならないのが「人生100年時代」の大きな宿題ではないだろうか。

そう、母の問題は私の問題でもあった。母は私の老いの先輩であり先生でもあったのだ。私は一体どうやって老いていけば良いのだろう？

私は自分のこれからの暮らしについて、家事について、改めて考えることになった。

5 老後を救う「ラク家事」

科学やカネでは解決できない

人は誰でも老いていく。これまでできていたことが、一つ一つできなくなっていく——。

それは残念ながら、現代の誰もが逃れることのできない現実だ。

金持ちだろうが大統領だろうが関係なし。

科学が解決？　残念ながらそれも望み薄だ。むしろ医療の発達で、問題はより深刻化しているのではないだろうか。何しろ医療がもたらした人生100年時代とやら、それは「若さの延長」ではなく、まさかの「老いの延長」だった。病み、衰え、日々無力になっていくばかりという辛く悲しい時間がぐんと引き延ばされた時代を、我らは歯を食いしばって生きていかねばならなくなったのだ。

というわけで当然、誰もがそのことに怯えているわけです。

でも私の見る限り、「コレ」といった解決策はまだ現れていない。

せいぜい、あれこれの健康法を勧めたり、金を貯めて乗り切ろうと投資や貯蓄を呼びかける程度のことである。いずれも無駄ということはなかろうが、いくら健康に気をつけていても病気になる時はなる。いやむしろ、長生きすれば認知症になる確率は確実に上がっていく。というわけで、残念ながら本質的な解決策とはいえない。

金の力とてやはり万能ではない。たとえウマいこと資産形成に成功し、高級老人ホームで至れり尽くせりの老後を過ごしたとて、それが本当に幸せなのだろうか？ 昨日できたことが今日できなくなる、自分が自分でなくなっていく、自分が誰からも必要とされなくなっていく……という老いの本質的な悲しみは、豪華な調度品に囲まれたステキなベッドの上で過ごしたとて癒やされるものではなかろう。

というわけで、ああ一体どうしたら……と立ちすくむ我ら。

老いが怖いのは「生き方」が間違っているから？

ヒントをくれたのは、愛媛県西条市の職員として認知症の問題に取り組んでいた近藤誠さんという方だった。

近藤さんのことは、母の認知症に向き合う日々の中で知った。終わりなく進行し続ける症状の悪化に、永遠に「ガーン」とショックを受け続けるしかないという圧倒的無力感の中で、本屋でふらふらと手に取った『家族よ、ボケと闘うな！』（ブックマン社）という本の著者の一人が近藤さんだった。

そう当時の私は、負け続ける「闘い」からどうにか抜け出したかったのだ。

どんな小さなことでもいいから「自分にできる前向きなこと」が欲しかった。何しろ認知症に関する情報で唯一の「前向きっぽいこと」といえば、本人を否定せず見守りましょう、現実を受け入れましょうというものばかりなのである。もちろんそれはとても大事なことだ。だがそれは、ひたすら悪化し続ける一方という耐え難き現実を、ズタズタの心に蓋をして作り笑いを浮かべながらどこまでも永遠に受け入れ続けるということでもあった。私はそんなことに耐えられるほど立派じゃなかった。どうしたって心が荒んでくる。

負けてもいい。ただ「受け入れる」という以外に、ここに向かって行けば光があるかもしれないという「積極的な目標」がどうしても欲しかった。実際にできるかどうかは別として、この世の中のどこかに、小さくとも確かな希望があるのだと信じたかった。

その希望をくれたのが、この本の近藤さんだったのである。

近藤さんは、認知症だった父親を看取った経験と後悔を胸に、患者本人を真ん中に置いた支援を徹底して考えている人だった。巷《ちまた》によくある「こうすれば良くなる」系の安易な希望は語らない。「年をとれば体も頭も衰えるのは当たり前」と突き放す。その上で、なぜ認知症がこれほど苦しい病になっているのかの根本に切り込んでいく。

その意外な切り込みに、私は目を見張った。

近藤さんは、認知症を恐ろしい病にしてしまっているのは、我々の生き方そのものに原因があるんじゃないかというのだ。

ドキドキしながらさらに先を読む。そして、近藤さんが実例として紹介していた

「ナン・スタディ」というアメリカの研究のことを知った。

100歳超えても認知症を発症しない人の暮らしぶりとは

ナンは修道女のこと。つまりナン・スタディとは、修道女を対象にした研究である。集団生活を送っている600人以上の修道女たちを対象に、一体どんな要因が脳の病気を引き起こすのか、脳と老化の関わりについてアメリカのスノウドン博士が調査・研究したものだ。

私が目を見張ったのは、修道院には100歳を超えても頭が冴えわたっている修道女がたくさんいて、その亡くなった後の脳を解剖したところ、脳にはしっかりアルツハイマーの病変が出現しているのに、現実には認知症を発症しなかったケースがあることがわかったというくだりである。

なぜなのか。まだはっきりとしたことはわからない。しかし多くの患者や家族と関わってきた近藤さんは、このように考えている。

年齢を重ねていけば、体のそこかしこに不具合が出てくるのは当然のこと。脳も同じことである。でも集団の中で、自分のできることはしっかりと行いながら、環境の変化の少ない暮らしを何十年も続けていれば、たとえ認知症になっても生活に支障をきたすことは少ないのではないか？

なぜならまさに修道女たちは、そのような暮らしをしているのである。「集団の中で、自分のできることはしっかりと行いながら、環境の変化の少ない暮らしを何十年も続けている」のだ。

なるほど、と思った。そして母のことを思った。

母は、修道女たちとは真逆の環境にいるのではないだろうか。

豊かさが奪った「シンプルさ」

高度成長時代の専業主婦だった母は、社会全体がどんどん豊かになる中で、暮らしをどんどん豊かにしようといつも頑張っていた。我が家には次々と新しいマシンがやってきて、台所には3口コンロや備え付けのオーブンができて、冷蔵庫もどんどん大きくなった。そんな中で、母は次々と売り出されるレシピ本を手に入れ、果敢に新しい料理に挑戦を続けた。また家の中のそこかしこには家族のモノや洋服が際限なく増えていき、真面目な母はそれをきちんとあるべき場所にきっちりと収め、きれいに掃除をした。

つまりは我が家の暮らしは「変化が少ない」どころか、どこまでも拡大し、終わりなき変化を続けていた。それは、家族のメンバー皆がそう望んだ結果である。我らにとって、変化と拡大こそが善であり豊かさであり、それを止めることは敗北であり人生の否定であった。そして、母はその変化を一手に引き受けて、複雑化する家事をこなしてきたのである。

その「豊かさ」が、母の病を機に、一転して恐ろしい敵となって襲いかかってきたことは前に書いたとおりである。

それは、病んだ母がこなすにはあまりにも複雑すぎるミッションであった。料理すること、掃除することは母の人生の重要な仕事であり、生き甲斐を感じられる役割であり、体に馴染んだリズムだったのに、その「自分にできること」ができなくなってしまったことは、母から自信を失わせ、行動範囲をどんどん狭めてしまった。

それだけではない。急速に進化する社会は、気づけば母から「集団の中にいること」も奪ってしまっているのである。

便利が孤独を生む

姉も私も社会人になって次々と家を出て、ぽつんと残った老夫婦。都会の便利なマンション暮らしは、家の中には全てのものが揃っているけれど、一歩外へ出れば近所に頼れる人もいない。そのことに、母が病に倒れて初めて気づいた私である。経済成長の果てに我らが手に入れた「便利な暮らし」は、裏を返せば「孤独そのものの暮らし」なのだった。

昔はそうじゃなかった。昔の人はエラかった……というわけではない。不便さが、否応《いやおう》なく助け合いを生んでいたのだ。水道がなかったから井戸端会議が生まれ、家に風呂がないから銭湯で裸の付き合いが生まれた。冷凍庫が普及するまではおかずのおすそ分けは当たり前だった。「コミュニティづくり」なんて大層に呼びかけずとも、誰もが息をするようにご近所付き合いをしていた。

それが今や、泥臭い助け合いどころか、人とちょっとしたコミュニケーションをとることも携帯やパソコンでスマートに済ます時代である。ふと気づけば、どうにかしてそれを使いこなさなければ友人のネットワークからも、子や孫とのやりとりからも取り残されていく。我らは便利を享受しているはずが、いつの間にか便利が我らを支配するようになった。

母は生涯、メールを使うことができなかった。病気がわかる前から、父に「そんなことじゃダメだ」と叱咤激励され頑張っていたが、ついにあきらめてしまった（その頃にはすでに病気が進行していたのだと思う）。

上を向いて頑張り続けた果ての母のその孤独を思うと、なんともやるせなさすぎてグッと胸がつまらずにはいられない。

老いればどんどん置いてけぼり？

そうなのだ。今や、新しい技術についていけなくなった老人は若い世代に当然のように侮られるようになっている。

少し前まで、そんなことはなかった。私は子供の頃祖父母が大好きだった。作っている料理、着ているもの、祖父母が子供時代の思い出話、全てに心から興味津々だった。その頃まではまだ、全てがゆっくり進んでいたのだ。祖父母の生きる世界と、私が生きる世界は地続きだった。祖父母の積み重ねた経験は幼い私にはキラキラした宝の山だった。だから暇さえあれば近所の祖父母の家に行き、掘りごたつに入ったり、電気火鉢で餅を焼いてもらったり、自家製の梅ジュースを飲ませてもらったりするのが大好きだった。

母にそんな昔話をすると、「きっとおじいちゃん、おばあちゃんはすごく嬉しかったと思うよ」としみじみ言っていた。やはり母は孤独だったのだ。

そしてそれはきっと母だけのことじゃない。

現代の祖父母と孫は全く違う世界を生きている。老人にとっては、スマホの画面の中で生きているらしい若者が何に悩み、何を愛し、何を夢見て生きているのかさっぱりわからないに違いない。いや老人だけじゃない。正直私にもさっぱりわからない。そして一方の若者から見れば、スマホ一つまともに使いこなせぬオバさんなど全くの謎だろうし、まして祖父母となればシーラカンスみたいな存在なのではないだろうか。

昔はそうじゃなかった。不便な時代とは「経験がモノを言う時代」でもあったのだ。漬物などの保存食作りもホウキや雑巾の使い方も、不便の中で親から子へと受け継がれてきた長年の知恵の集積である。だから昔は老人が尊敬されたのだ。人は、ただ長く生きているというだけで一目置かれる存在になることができたのだ。

でも今や、なんでも機械にお任せ。となれば老人の経験など誰が必要としているだろう？　ああそう考えると現代の老人とはなんと厳しい環境に置かれていることか！　もっと先へ、もっと上へ、もっと豊かに、もっと便利にと、どんどん変化していく社会は、老人をどんどん置いてけぼりにしていく。「集団の中で自分の役割をしっかり果たす」どころか、老人にできないことを増やし、孤立させ、役に立たない人間、迷惑をかける人間かのようにしてしまっているのである。

「自分にできること」さえあれば

一方で、老いてアルツハイマーになっても元気に暮らしを全うしたという、驚くべきアメリカの修道女たちがいる。それは、彼女たちが「集団の中で、自分のできることはしっかりと行いながら、環境の変化の少ない暮らしを何十年も続けている」からではないかという専門家の指摘に改めて唸る。

助け合いながら慣れ親しんだシンプルな暮らしを延々と続けることで、彼女たちは人生の最後の最後まで「自分にできること」を手にすることができたのだ。そんなふうに、老いたとてちゃんと「自分にできること」さえあれば、どれほど衰えても人は前を向いて生きることができるのだ。

そう思うと、暗闇に確かな光が見えてくる。

そして、このままじゃいけないという気持ちが心の底から湧いてくる。

厚生労働省は、２０２５年には65歳以上の高齢者の五人に一人が認知症になるとの推計を紹介している。私も、そして誰しも他人事ではないのだ。そしてもちろん、認知症にならずとも、老いて体も頭も衰えていくことからはこの世の誰も逃れられない。同省の統計によれば、長生きになる人が増えるにつれ健康寿命と平均寿命の差も拡大している。男性は9年、女性は12年を「不健康な状態」で暮らさねばならないのが現実である。

つまり、我らはこの「長く不自由な老後」をどう生き抜くのかを真剣に考えねばならない時代を生きている。

そう考えると、このままぼーっと「豊か」で「便利」な世の中に身を任せていることがいかに危険かをひしひしと感じずにはいられない。

使わないものは衰える

ところで、我らの豊かさのワナはそれだけではなかった。近藤さんは、こんな恐ろしい指摘もしている。

使わないものは衰える。体も、頭も。

で、現代の我々の暮らしはどうか。便利を追求した結果、それまで人間がやってきたことをどんどん機械に任せるようになった。手で掃除しなくなったし、歩くこともしなくなったし、漢字も書かなくなった。検索ばかりして「思い出す」こともしなくなった。つまりは体も頭も恐ろしいほどの勢いでどんどん使わなくなっている。

そして、使わないものは衰える。

認知症患者が増えているのは、こうした環境と無縁ではないのではないか――。

いやいや、私は震撼いたしました。だって、だとすると、ですよ。どこまでも「便利」を追求し続ける今の社会は、実は認知症患者をせっせと増やし続ける社会ってこと……？　で、おそるおそる周りを見渡せば、いやはやもうマジで大変なことになっているんである。

家電製品は「スマート化」とやらでどんどん高度になり、それ自体が頭脳みたいなものを持っていて、お掃除ロボットだったり、温度も湿度も忖度《そんたく》して自動設定してくれるエアコンだったり、何を買わなきゃいけないかまでコンピューターが生活パターンを察知して呼びかけてくれたり……つまりは人間がいちいち考えたり行動したりしなくても、なんでも「あんじょう」やってくれる製品が次々と売り出されている。

つまりはですね、我らは体だけじゃなくて、もうこれからは頭も使わなくていいんですどーぞどーぞラクにしてくださいねっていうエンドレスな呼びかけの中を生きてるのだ。それでモノが売れ、経済が回り、みんなめでたしめでたし……ってことなんでしょうかね？

私にはとてもそうは思えない。

ある意味、我らは国家をあげて「認知症患者倍増計画」を着々と進行中なんじゃないでしょうか。認知症になることに怯え、老後不安を叫びながら、実は自らせっせと「老い」と「病」を作り出している私たち。

そういう目で世間を見てみると、全てのことがこれまでとはガラリと違って見えてくるのだった。

「便利！」「便利！」とまくしたてるコマーシャルが、まるで私を陥れる穴のように見えてくる。「ワンランク上の暮らし」を提案する雑誌も何の魅力もなくなってしまった。ワンランク上なんて目指している場合じゃない。これから確実に老いていく私に切実に必要なのは、「変化の少ない暮らし」なのである。

そう、私が目指すべきは「修道女のような暮らし」なのだ。

ゼータク三昧からの大転換

想像してみる。修道女のような、何もないシンプルな小さい清潔な部屋で、毎日同じシンプルなものを作って食べ、毎日同じシンプルなものを繰り返し着て暮らす。便利なものに頼りすぎず、自分の手や頭を使って来る日も来る日も家事をする。

それは果たして敗北だろうか。つまらない生活だろうか。無理をせず、背伸びをせず、自分の手の届く範囲で、自分の身の丈にあった暮らしをする。贅沢や便利に慣れきってしまった私は、本当に「それで十分」と心から思うことができるのだろうか。

で、いろいろあって、実際にそのような暮らしを始めたわけです。

そして何が起きたかは、これまでに書いてきたとおりである。

もちろん単純にコトが運んだわけではない。誰しもいったん得たものを手放すのは簡単なことではないからだ。だが種々の偶然が重なり、とにかく私はゼータク三《ざん》昧《まい》の暮らしから、モノを捨て家を捨て給料を捨て、一気に修道女のごとき小さな生活に突入せざるをえなくなったのである。

そうしたら、信じられないことが起きた。

それは「つまらない生活」どころかサイコーの生活だった。いや「最高」という言葉では言い足りないかもしれぬ。それは、そんな世界がこの世にあったのかと思うような、50年生きてきて想像すらしなかった圧倒的な生活であった。何しろ、瞬時にして理想の衣食住が全て手に入ったのだ。

手放して手にした最高の衣食住

何度も書いたが、重要なことなので感激も新たにもう一度書く。

まずは美しい家。ワンルームの小さなモノのない部屋（そう修道女のような部屋！）で暮らし始めたら、それだけで家の中は9割がたいつも片付いているのである。そうなれば、大の掃除嫌いだった私も人生で初めて、呼吸でもするように無理なく日々家の中をちゃっちゃときれいにできるようになった。これといった努力などせずとも365日24時間、美しく整頓された部屋で生活するという人生初の事態が発生したのである。

それから、心から美味しいと思える食事。冷蔵庫を手放して、同じく冷蔵庫のなかった江戸時代のような「メシ・汁・漬物」という食事を毎日食べるようになったら、飽きるどころか、そのご飯が楽しみすぎてハンパな外食などしたくない。私が一番好きな食べ物はコレだったのだと生まれて初めて気づいた。

そして、服も大胆に整理して最高に似合う服だけを残した結果、日々最高に似合う服しか着ていない。服選びの時間もかからないし、服を置くスペースもいらない。いいことしかない。

人生初のご近所付き合い

さらに、我が世界は思わぬ方向に広がり始めた。

「これで十分」とわかれば、「あれもこれも」と焦っていた心がゆったりとしてくる。周りの人に目を向ける余裕もできる。ってことで私は人生で初めて「ご近所付き合い」をするようになった。といっても特別なことをしたわけではない。近所の店では感じよく世間話をし、公園で日向ぼっこをしているお年寄りには「こんにちは」とニッコリ挨拶。食べきれないものをいただいたらおすそ分け。それっぽっちのことでも積み重ねとはスゴイもので、いつの間にか、庭の切り花をもらったり、果物をもらったり、作りすぎたカレーや炊き込みご飯をいただいたりするのが当たり前になった。

独身の私には一緒に暮らす家族はいないけれど、まるで「巨大家族」の中で暮らしているかのようだ。そう、私は暮らしを簡素化した結果、いつの間にやら集団の中で生きることになっている。

つまりはですね、これをまとめますと、ふと気づけば、今の私は「集団の中で、自分のできることはしっかりと行いながら、環境の変化の少ない暮らしを7年ほど続けている」のですよ！

「修道女化」して得た安心

そう、ついに私は自ら「修道女化」することに完全に成功したのである。

で、確かにこんな単純で簡単で楽しい生活ならば、かなり年をとってもいつまでもできそうな気がするのだ。

意味不明のボタンがたくさんついたややこしい道具など一切使わず、来る日も来る日も雑巾やホウキや小さなコンロやタライという原始的な道具を使い、日々同じことをチャチャッとやるだけ。これならば多少ボケがきたとて身についた単純な習慣はそう簡単に失われるコトもないはずで、それなりに長いこと自立して暮らせるのではないか。

それに、体を動かし、五感を働かせていることそのものが、自分を生き生きとよみがえらせているのがわかる。そうなのだ。機械に頼らず手でやる家事は思いのほか楽しかった。雑巾で床を拭いたら真っ黒になり、それを冷たい水で石鹸の匂いに包まれながらじゃぶじゃぶ洗濯する。たちまち水が真っ黒になって、一方の雑巾が真っ白に……というのは、それだけでキャッと心が浮き立つような清々しい娯楽であった。まるで日々幼い子供の泥んこ遊びをしているみたいだ。

家事が老後を守ってくれる

子供の時以来、ずっと忘れていた感覚が戻ってきている感じである。なるほど私は今、便利に奪われてしまった「自分」を日々取り戻しているのだ。長い間使わずにすっかり衰えさせてきたものを、一つ一つホコリを払い、再び動かしているのである。老いの入り口に立っているはずが、日々若返っている気持ちすらする。

うん。そうだよ。これでいいんじゃないだろうか？

そしてこうなってみたらデスね、家事というものが、そう、あの面倒でうっとうしくてカネも儲からずやってもやってもキリがなく、できることなら人生から消えてしまえと思っていた家事が、私の中で、全く別の様相を持って目の前に現れたのだ。

家事とは、今や私にとっては最高の「お守り」だ。

何しろこのサイコーなラク家事生活を続けるためには、今の暮らしを複雑にしたり拡大したりすることは絶対に御法度。それがわかっているので、つまらない物欲や食欲や便利欲に心が持って行かれることなど全くない。つまりは家事こそが、これからの私の将来（老後）を破壊すること確実な最大の強敵「欲」から我が身を守ってくれているのである。家事こそは「変化」「進化」にうかうかついていかないためのお守りなのである。

さらに暮らしをシンプルに

もちろん、将来何が起きるかは誰にもわからない。

まもなく還暦を迎える私も、これから年をとれば、今できていたことができなくなっていくだろう。でも、その時はさらに暮らしをシンプルにすればいいのではないかと思っている。持ち物をさらに減らし、食事もさらに単純にし、もっと小さな部屋で暮らせば家事もさらに楽になる。近所の人たちとも、もっと助け合えば良い。そのようにして、どんどんどんどん自分を小さくして、その中で最後まで自分にできることを一生懸命やって、その果てに「自分を使い果たして死んでいく」（近藤誠さんの至言！）ことが、現在の私の目論見《もくろみ》であり目標である。

……以上が、私がこの厳しい長い老後を生き抜かねばならない皆様（要するに全国民）に「ラク家事生活」（＝修道女のごとき生活）を心から勧める理由である。ここに性別の差はない。便利に流されず、シンプルに自立して生きること、自分に備わった力を精一杯発揮し、他人と助け合って生きること。それさえできたなら、老いも災害も疫病もしなやかに乗り越えていくことができるのではないだろうか。

逆に言えば、このような境地に達することができなかった場合、男であれ女であれ、この不確実な厳しい「人生100年時代」をどう生き抜くことができるのだろうと訝《いぶか》しく思う今日この頃である。

私のラク家事メモ⑥
私の「お手伝いさん」たち

自分の身の回りのことは自分でやる、というのが私のやり方であり主張だ。だって結局はそれが一番「間違いない」し「安心」なのである。何がどうなるかわからない世の中で、間違いなく頼れるのはどう考えても「自分」。そう自分で自分の基本的な生活を整えることができたなら、どんなひどいことが起きようとも、なんとか前を向いて元気に生きていけるはずだ。

だが……よくよく我が身を振り返ってみると、ワタクシ案外「自分のこと」をするのに他人様の手をお借りしているではないか！

いやそれどころか、今の「ラク家事生活」が成り立っているのは、他人様の手を借りているおかげともいえるのでは……ということにフト気づいてしまった。

例えば、私は家の風呂を使わず近所の銭湯に通っているのだが、何がイイって「風呂掃除をしなくていい」ことである。お風呂屋さんがデッカイ湯船に最高の湯を沸かして日々待っていてくれて、終業後はピカピカに掃除して翌日もまた待っていてくれる。私は回数券を手にのんびりつかりに行くだけ。いやー、最高だ！　だって家の風呂掃除って実に終わりのない重労働ですよね？　やってもやってもたちまちカビる。本当は毎日掃除するべきなんだろうが大変すぎてそんなことできない。なので風呂掃除は絶えず頭の中の「懸案」としてモヤモヤと我らの人生を支配し続けるのだ。そのモヤモヤから解放された私！　ああお風呂屋さん本当にありがとうございます！

それだけじゃない。今や私は家で揚げ物をすることを放棄した。だって一汁一菜の10分クッキング生活ではそんな「大変な料理」など考えただけでハードルが高く転びそうになる。コロッケを食べたくなったら近所のお肉屋さんに行き、一個90円の揚げたてを買ってハフハフ食べる。ああ本当に餅は餅屋。揚げ物のプロの作る揚げ物ほど最高の揚げ物があろうか。ああお肉屋さん本当にありがとうございます！

まだある。火力が勝負の中華料理を我がカセットコンロで作ることをあきらめた私の頼みは近所の町中華！　野菜炒めと餃子と紹興酒の熱燗《あつかん》をいただくのが我が食生活最大のハレのイベントである。この道60年はゆうに超えるおっちゃんの鍋振りは見ているだけで最高だ。むろん味も最高。本当に感謝である。

さらに言えば、豆腐やお揚げは近所の豆腐屋さんで作りたてを買う。軽く煮たり焼いたりですぐ食べられるので本当にありがたい。我が一汁一菜生活は豆腐屋さんの下ごしらえの上に成り立っている。

そのように考えていくと、どう考えても、我が現在のラク家事生活は、全くもって日々人様の手をお借りすることで成り立っているとしか言いようがない。ということはですよ、「自分のことは自分でやる」という主張と矛盾してないか……？

はい、胸に手を当てて考えてみました。

で、結論から言いますと、矛盾はしているようでしていない（笑）。っていうか真面目な話、人様に自分の家事を「やっていただく」ことも、実は立派な家事なんじゃないかと思うのだ。

何しろ私もこれからどんどんトシをとっていく。自分のことを自分で、ということは最後の最後まで大事にしたいが、いずれはそうもいかぬ時が来る。というか、トシをとらずとも人生は何が起きるかわからない。だから人の手を借りることは避けるべきことでも恥ずかしいことでもない。むしろ、うまく人の手を借りることは、死ぬまで自立して生きて行く上で必須のコトなんじゃないだろうか。

肝心なのは「借り方」だ。うまく借りるか、ダメに借りるか。

ダメに借りたら人生はダメになる。夫が妻に家事を丸投げするように「やってもらって当たり前」など考えていたら、気づけば周囲からは冷たい目で見られ、さらに自分自身も何もできない無力な人間になってしまって、一人になった途端「カネ」以外に頼るものはなくなってしまう。これは断固として避けるべきである。

じゃあ「うまく」借りるってどういうことなのか？

人に何かをしていただいたら感謝する、できる範囲でお返しをする。別に難しいことじゃない。でもそれがちゃんとできるかどうか。

例えば肉屋でコロッケを買うのも、「お金を払って買ってやってるんだ」「お客様は神様だ」「商売なんだからウマいコロッケ作って当たり前」などと考えて買っていたら、家事を妻に丸投げしている夫となんら変わることはない。

で、それはかつての私である。お金があればなんでも手に入ると心底信じきっていた金満会社員時代の私は、惣菜を買ったり外食したりする時、お金を払って正当なサービスを受け取っているとしか考えたことがなかった。なのでありがたいとも思わなかったし、むしろ高いとか美味しくないとか文句ばかりであった。なぜスーパーの豆腐は90円なのに豆腐屋の豆腐は150円なのか？経営努力が足りないんじゃない？そんなふうに考えていたのである。

でも会社を辞めて給料に頼れなくなり、外に頼る生活をしなきゃならなくなって初めて、私は人様に助けられて何とか生きているのだという感覚が急に湧いてきた。っていうか実際そうなので、あらゆることに「ありがたい」と思えるようになった。ただの買い物が、私の代わりに最高の揚げもん作ってくれて、あるいは私の代わりに最高の風呂を沸かしてくれて、あるいは朝早くから豆腐作ってくれて、つまりは私の家事の一部をやっていただいてめっちゃありがとうございます！　といちいち思えるようになったのである。

こうなると全ての行動が変わる。商品を受け取った時、自然に笑顔と「いつもありがとうございます」の言葉が出る。さらに慣れてくると、「いやーこれで今日のおかずは完璧！」とか「早く家に帰って食べたい」とか、相手が思わずニッコリするようなセリフも自然に出てくるようになった。つまりはお金にプラスして、自分なりの「お返し」をちゃんとするようになったのである。

こうなってくると当然、店の人にも顔を覚えられて、先方からも最高の笑顔と親しみと世間話と時にはオマケが返ってくる。つまりは近所に知り合いがどんどこ増えるのである。

自分のことは自分でやる。でも人はやっぱり一人では生きていくことはできないのだ。

持ちつ持たれつ。お互い助け合って生きる。それは家族であっても家族じゃなくても必要なことだし大事なことなのだ。というか、それができることが本当の自立なのかもしれない。お互い自分のできることを精一杯やって、人を助け、助けられながら生きる。それを「つながり」というのだろう。そんなつながりが持てれば、たとえ一人暮らしでも最後の最後まで「自立して」生きることができるんじゃないだろうか。持ちつ持たれつ。助け合って生きる。人生100年時代の、それもまた「家事力」なんじゃないでしょうか。

6　モノの整理が天王山

自分の世話は自分でする

さて、ここまでくどくどと、万人の人生を救うラク家事の効能について熱く語ってきた。

つづめて言えば、欲の赴くままに暮らしをどんどん複雑にしたり、あるいは誰かに家事をちゃっかり押し付けて自分の世話を放棄したりすることをきっぱりとやめて、超簡単・超短時間にできるシンプル家事を身につけることさえできたなら、解決策などないように見えた人生の難題が、アラ不思議！　次々と片付いていくのだ。

というわけで、私としては「そんなに言うなら一丁私もやってみよう」という人が一人でもおられれば、ここまで語ってきた甲斐があるというものだ。

なのでここからは、そのような奇特な方々のための具体的ガイドである。すなわち、一体何をどうすれば、誰でもそのような「ラク家事ライフ」を始められるのかという具体的なノウハウを書かせていただこうと思う。

ちなみに何度も繰り返して恐縮だが、ここでいう「ラク家事」とは、自分以外の家族の誰かに家事を押し付けたり、家事代行サービスの方にお金を払ってお任せ……ということではない。

自分の世話は自分でする。それが基本だ。

男も、女も、子供も、服を着るように、ご飯を食べるように、息をするように、身の回りを整える。そのうち、歯磨きをしないと気持ち悪いように、サボると気持ち悪くなる。そうなれば何が家事で何がそうじゃないかなんていう境目も、誰かに押し付けたり押し付けられたりすることもない……というのがこの本の目指すところである。

そうなれば、ただ人生がラクになるだけじゃない。

人が生きていく上で何が一番辛いかって、それは「無力」になることじゃないだ

ていきたい人なんてどこにいるだろう。

でも、どんなひどいことになっても、つまりイヤな上司に目をつけられ毎日が地獄になったり、ちょっとした行き違いから友達みんなに無視されたり、親が離婚したり育児放棄されたり、老いて世の中についていけなくなり底知れぬ寂しさを感じることになったりしたとしても、自分で自分のためにできることがあったなら。すなわち美味しいものを食べ、片付いた部屋で暮らし、気に入ったものを身につけて暮らすことが自分の力でちゃんとできたなら。私、まだまだ大丈夫、ちゃんと地に足をつけて生きているという静かな実感が腹の底から湧いてくるはずだ。

それはまさしく今の私である。

嫌なことがあった時、全てが思うようにいかない時、何かに不安を感じた時、何はともあれ黙々と床を拭く。5分後には床の一部も私の曇った気持ちもピカピカだ。なんちゅう安く早く確実な解決方法だろう！　さあその確かな希望を一つ一つ手に入れていこうではありませんか！　大丈夫。簡単ですから！　誰でもできますから！

モノの整理をしなけりゃ始まらない

と大きく出たところで、いよいよ最初のレッスンであります。

もちろん私、人様に家事のレッスンをできるほど家事が得意でもなんでもないわけですが、肝心なことは、そんな私でも、今や驚くほど短時間に、何の苦労もなく、楽しく家事をやりきることができているという事実である。

というわけで、一体なぜこんな私にそんなことができたのか。それを一つ一つ、書いていこうと思います。

まずやるべきことは、画期的な料理法を身につけることでも、掃除のノウハウを学ぶことでもない。一にも二にも「モノの整理」、もっと正確に言えば「いらないモノの処分」であります。

というのも、私のラク家事への道は、間違いなくここから始まったのだ。

というか、始まったと思ったら、ほとんど終わっていた。

つまりは面倒な家事は瞬時にしてほぼ跡形もなくなっていた。

ということは。ラク家事生活のキモは、「モノの整理に始まってモノの整理に終わる」といっても過言ではないのである。

ということで、つい先ほど「一つ一つ書いていく」と言ったばかりだが、いきなり訂正である。やるべきことは一つ。モノの整理。これを「最初に」やり遂げることができるかが勝敗を分けるのだ。

ここは、かなり強調したいポイントである。

何しろ物事は順番が大事。順番が間違っていると目指すべきところにいつまでたってもたどり着けず、努力はどこまでも空回りして「私ってダメ人間」という敗北感だけが残り、私には所詮ムリなことだったんだと挑戦する意欲すら萎えてしまう結果になりかねない。

「家事の効率化」の落とし穴

私もこの「モノの整理」にたどり着くまでは、まさにそのようなことになりかけていた。なので、まずはその私の失敗談からお話しする。

専業主婦の母に家事を押し付けて育った不遜なムスメは、就職して一人暮らしを始めた途端、自分の家事力のなさと向き合わねばならなくなった。家は散らかり、洗濯物もたまり放題。これはなんとかせねばと、まず目指したのは「家事の効率化」である。

だって私が家事ができないのは「忙しい」からなのだ。仕事が忙しい。遊ぶのにも忙しい。さらにあれこれやりたいことは数限りなく。家事なんかやってるヒマはなし。というか家事時間がもったいない。となれば、最小労力で最大限の効果を上げるしかない。

ということで、家事は週末にまとめてやる、という方針を固めた。

確かに全体の家事時間は減ったように思えた。

だがこの方法には大きな難点があった。家がきれいになるのは週末に掃除を終えた時だけ、つまりはほんの一瞬で、翌日には元の木阿弥《もくあみ》。要するに、ちゃんと頑張ったはずが、結局はその後の一週間をずっと散らかった部屋で暮らすことになるのだった。ズボラで片付けベタなうえ平日は何もしないんだから当然といえば当然である。

なるほど家事とは、やってもやってもその瞬間からむなしく崩れ去る賽《さい》の河原なのだ。そう思ったら、次第に週末に掃除することもバカバカしくなってきた。だって、そもそも楽しいことがしたくて家事時間を節約しているのに、その楽しいことができるはずの肝心の週末を無意味な家事に費やすって……なんか変じゃないか？

というわけで、結局家は際限なく汚れていくのであった。

さすがにこれではいかんと次に思いついたのが、収納を増やすことである。収納さえ広ければ、とりあえずなんでも中に放り込んでおけば表のスペースは比較的まともでいられるはず！

収納を広くするというアリ地獄

というわけで、転勤で新しい家を探す時の第一条件は「収納が広いこと」となった。これは確かに有効で、高給をもらう独身者という特権をいいことに、広大なクロゼットのあるファミリータイプのマンションに一人暮らしというゼータクを覚えてからは、洋服が部屋の中に散乱している状態はどうにか回避できた。台所も広大な収納さえあれば、鍋や調理道具や皿やあれやこれやをどんどこ押し込めてしまえば、少しの努力で「片付いているふう」に見えるのであった。

だが、この方法にも大きな難点があることが次第に明らかになる。

一つは、当然のことながら、家賃が高くなるということだ。

安定した会社員で、かつ家賃補助という超ありがたい制度まであったおかげでなんとかなっていたけれど、裏を返せばそれは恐怖の源でもあった。だってこの恵まれた立場を失ってしまえば、この「ステキ風」な暮らしは全て瓦解するのである。なので会社では競争に置いていかれぬよう神経をすり減らし、うまくいかないと過剰に落ち込んで不安を募らせた。つまりは表向きはなんとかツジツマを合わせていた私の生活は、少し気を抜けば全てが崩れる砂上の楼閣であり、それがわかっていたので人生はストレスに満ちたものになった。

モノに囲まれた曖昧で不安な人生

もう一つの難点は、収納が広ければ広いほどモノが増えていってしまうことである。収納の広い家に住み替えるたび、洋服も靴も食器も台所用品も本もあらゆる小物もその分だけ増え続けた。入るとなればつい入れてしまうのが人というものなのか……などと思っている間に、気づけば自分が所有しているものを自分で把握しきれなくなっていた。

山ほどのモノを持っているはずなのに何もかも足りない気がして同じようなものを何個も買い、さらには冷静に考えたら使うはずもない珍しいものや奇抜なものにまで手を出し、当然使わないものがどんどん増え、そうこうするうちに何だか頭の中がぼんやりしてくる。「必要なもの」と「欲しいもの」の境目がわからなくなり、そのうち何が必要なのかも、何が欲しいのかも、その「欲しいもの」も本当に欲しいのかどうかもわからなくなってくる。

広大な収納スペースの中にはそんな曖昧なものたちが溢れ、そもそも自分が何をしたいのか、どう生きたいのかもどんどん曖昧になっていく。

つまりは、私はゼニカネの力で、表向きは「片付いているふう」な家に暮らしているのだが、一皮捲《めく》れば、クロゼットや押入れや食器棚の中には「片付いていない混乱した人生」が詰まりに詰まっていた。それがわかっているから掃除機をかけても洗濯機を回しても、どうにも片付いた感じもスッキリした感じもしないのである。

どう考えてもこの先に幸せはない

となるとつい片付けも掃除もさぼりがちになり、結局はますます薄汚れた部屋で暮らすことになった。そうこうするうちにさすがの広い収納スペースも混乱したモノ（人生）が詰まりすぎて収納不能になり、それを収納すべくさらに収納の広い家に引っ越し、となればそんなハイコストな人生を継続するためのストレスはますます増加……という、全くわけのわからない不安とストレスの雪だるまやー！　という人生を生きることになっていったのである。

努力すればするほどどう考えても幸せから遠ざかっていく感じ。この先にゴールがあるのかと考えると、絶対ないだろうということはさすがの私もうすうす感じざるをえなかった。この先に待っているとすれば「破綻」しかない。

でもどうしていいかがわからない。

ところがそんな出口のない悩みが、突然炎のごとく解決したのである。

そう、50歳で会社を辞め、「収納命」の私が「収納ゼロ」のワンルームマンションに引っ越さざるをえないという非常事態のおかげで我が人生は大転換を果たしたのだ。

もちろん、その時はただただ目を白黒させながらあらゆるものを処分しまくるのに必死。服も靴も食器も本も台所用品も化粧品も処分に次ぐ処分。使わないものはもちろん、気に入っているものも思い出の品も処分の対象となった。残すものの基準は「ときめくか」でも「使っているか」でもなく、「それがないと死ぬかどうか」みたいなことになった。

人生が片付いたら部屋が片付いた

で、そうしてゼイゼイと息も絶え絶えになりながら引っ越しを済ませてみれば、なんと全てが永遠に片付いていたのである。

何しろ、ないものは散らかりようがない。

そして何より片付いていたのは、私の頭の中であり、心の中だった。

私が生きていくのに必要なものは、驚くほどちょっとしかなかった。そうと気づいてしまえばそれだけで「美しい暮らし」が完成していたのだ。そうとなれば、これ以上必要なものも欲しいものもあるはずがあろうか。

「これでいいのだ」という気持ち。

それは、私が半世紀の人生で初めて経験する気持ちであった。これで十分。もう何もいらない。

なるほど私は人生を片付けることに成功したのである。そして人生が片付けば部屋はもう片付いているのである。

誰でもできますモノ整理

というわけで、家事をやめるにはまず、1にも2にも「不要なモノの整理」。それに成功すればそれだけでほぼ家事は消えるし、逆にそれをしない限りは何も変えることはできぬ……ということがおわかりいただけたであろうか。経験者として自信を持って申し上げられることは、これが結局は一番の近道であり王道ということ。これさえやってしまえば、あとは楽なモンだ。たちまちその日から家事は消える。

逆に言えば、これをやらぬまま、いくら便利なマシンを買ったり画期的な収納法を学んだりしても物事は全く変わらない。

もちろん「変えられる」人もいるかもしれないが、それは余程の家事の才能に恵まれた方である。そのような才能に恵まれていれば、そもそも家事の悩みなど持つこともないであろう。いずれにせよ我ら凡人にはイバラすぎる道。そこを目指すのはやらぬが花である。

というわけで、いよいよその具体的な方法である。

何しろ、これが簡単そうで全然簡単じゃない。それが証拠に、私はいつも「ああ断捨離しなきゃ!」という人に山ほど出会う。ということは、実際には断捨離できていないってことですよね。わかっちゃいるけどできやしない。単純に考えると、モノを得るよりも捨てることの方がよほどラクなように思えるが(何しろお金がかかりません)、現実はなぜか逆なんですよね。

人とは本質的に、何かを得ることには必死になるが、何かを失うことには必死になれない生き物なのだろう。

でも大丈夫。何しろちょっと前まで「私は不要なものなんて一つも持ってない」し、それどころか「私にはもっともっと必要なものがある!」と、暇さえあればそこらの店を覗《のぞ》いたりネットを検索したりして「欲しいもの探し」をしていた私だって、ちゃんとそれを整理することができたんですから。

世の中に溢れる「整理本」

でも自説を展開する前にふと考えてみれば、今時の世の中には、すでにたくさんの「不要なものを整理する本」が溢れているのであった。

直ちに思いつくだけでも、もはや堂々たる一般名詞となった「断捨離」本。あるいは「捨てる技術」。あるいは「人生がときめく」片付け——などなど。そして改めて調べたらそれどころじゃなかった。今もとどまるところなく新たな整理本が出版され続けているではないか。今更私ごときがしゃしゃり出て何かをクドクド主張せずとも十分なんじゃ？　という気がしないでもない。

ということで、何はともあれ現状を把握しなければ始まらぬと、まずは世界的片付け名人「こんまり」様の大ベストセラー『人生がときめく片づけの魔法』（サンマーク出版）を読んでみることにした。

実を言えば、不要なモノを見極めるにあたっての超有名なキーワード「これってときめく?」という言葉は知っていたものの、恥ずかしながらちゃんと本を読むのは今回が初めてであります。

で、どうだったのか。

正直、ショックを受けた。

いやー……こんまりスゴイ!

こんまりメソッドとは「ラク家事」のススメだった

ふんわりしたお人柄のにじみでる文章で、失敗談を踏まえてわかりやすくノウハウが語られるので、読み終えた時には誰もが「やってみよう」と思えるに違いない。何を隠そう、私もたちまち影響を受けて、これ以上スッキリしようもないと思っていた超スッキリな我が家を、さらにスッキリさせることに成功したのである。こんまり恐るべし!

そして何より驚いたのは、今の私が考えていること、つまりこれまであれこれ主張してきたことが、まさしく、ここにわかりやすく書かれていたことだ。

実は私、こんまり本とは「片付け本」だと思っていた。そうじゃなかったんである。いやもちろん、片付け本ではある。家を片付けるためのシンプルなノウハウがここには余すところなく書かれている。でもそれだけじゃなかったのだ。

こんまり本は「ラク家事」のススメだったのだ。

どういうことか。こんまりメソッドの特徴はいくつかあるのだが、中でも大きな特徴が、「リバウンドなし」ということ。いったん「こんまり方式」で家を片付けてしまえば、その後は「何の苦労もなく、生涯にわたって、そのスッキリ片付いた状態をキープすることができる」というのだ。

そして、その家事を実現するために、まず最初に実行しなければならないのが「捨てるを終わらせる」ことだと、こんまりは書いている。

不要なものを一気に完璧に捨てるべし

「捨てる」を「終わらせる」？　ちょっとわかりにくい日本語だが、要するに「まずやるべきは、不要なものは一気に捨て切ること。それを完璧にやり終えるところから出発せよ」というのである。とにかく一気にやれと。それをやり終えてしまえば、後はラクなもの。リバウンドすることなどないと、こんまりは説くのである。

「そうそう、そうですよね！」と、私は嬉しくなった。

だってそれってまさに、一気にモノを手放したことで極ラク家事生活を手に入れた私の体験そのものじゃないの！

ということで、ラク家事を目指す方に自信を持ってまずお勧めしたいのは「こんまりを読もう！」ということであります。いや真面目な話、私が書くことは、どんなに一生懸命あれこれ実例を挙げて説明したところで所詮は「一個人の経験」。でもこんまり本には、彼女自身の経験だけでなく、片付けコンサルタントとして過去に出会った様々な「片付けられない人たち」の実例やエピソードが豊富に出てきて、とても説得力がある。なので、それを読んだ上で、もしよろしければ私の話にもちょこっと耳を傾けていただければありがたく思うのであります。

パワーワード「ときめく?」の正しい理解

でもひとつ心配なのは、この本は有名でありすぎるがゆえに、ややもすれば肝心なところがスルーされてしまったり、あるいは読んでいなくても読んだ気になってしまう(↑私です)という落とし穴があるんじゃないかということだ。

その最大の原因は、ご存じ「これってときめく?」というパワーワードだ。このパワーがすごすぎて、しかもふんわり優しいので、誰もが思わず飛びつきたくなる。だがそれがゆえに、そっかこの楽しい呪文さえ唱えれば片付けが終わってしまうのか、なーんだ片付けなんて簡単じゃん……と軽く考えてしまい、結局は挫折してしまう人も少なくないのではないだろうか。

実際、モノを捨てられず片付けに苦労している我が友人Aも「こんまりじゃダメだった」というので、なぜダメだったのか聞いていたところ、「だって、ときめかないものなんて持ってないもん」。それを横で聞いていた友人Bも「そうそう!」と大きく頷いている場面に先日遭遇したばかりである。

なるほど。確かに誰であろうと、今持っているものは「ときめく」からこそ手に入れたのだ。それを「ときめかないものは捨てよ」と迫られれば、そもそも我らには「今持っているものは何一つ手放したくない」という気持ちがあるので、いやいやときめく、ときめきますとも！　と慌てて言いたくなってしまうのであろう。で、結局は何も手放せない。ウンウンわかりますそのお気持ち。

でも、それじゃあダメなのだ。

……ということは、この本をよく読めばちゃんと書いてあるのである。

この本は「ふんわり本」などではない。ある意味では「シビアに人生を見直させる本」なのだ。

こんまり様は、不要なモノを処分する際に、つまりは「これってときめく？」と自分に問う前に、まず大事なことは「自分の理想の暮らし」を強くイメージすることだと強調している。ここそが、決して見逃してはならないポイントなのだ。

人生を選びとる覚悟

自分は本当は、どんな暮らしをしたいのか？

「片付いた部屋でスッキリ暮らしたい」というようなイメージではまだまだ甘い。もっともっと具体的に、自分はどんな部屋で、どんなものに囲まれて、何をして日々を過ごしたいのかを、その様子がありありと目に浮かぶほど具体的に考えてほしいとこんまり様は熱く語る。

その上でようやく、いるものと、いらないものを分けていくのである。その際のキーワードが「これってときめく?」なのだ。

つまりは、この可愛らしい言葉の裏には、自分が「本当は」どうなりたいのか、つまりは他人と比べてどうだとか、漠然と「きれいな部屋で優雅に過ごしたい」とかではなく、自分自身が責任を持って、他の誰でもない自分の人生を改めて見つめ直せ! 自分で自分の人生を選びとれ! というシビアなメッセージが隠されているのである。

その覚悟を決めて初めて、このモノの溢れた世の中で、自分の人生で「いるもの」と「いらないもの」が見えてくる。つまりは「ときめく」ものと「ときめかない」ものをはっきりと見定めることができる。

それを見極めることができれば、ものだけでなく、人生においても「いるもの」

おります。そして私はウンウンと首の骨が折れるほど頷いているのであります。
だから、片付けが終われば人生が開けてくる……と、こんまり様はおっしゃって
「いらないもの」がはっきりと見えてくる。

ときめく、ときめかない、その一線とは

だってまさに私、いろいろあって偶然同じ道程をたどり、自分の暮らしに「不要なもの」を処分した結果、まさに「人生が開けた」のだ。この本は、優しいこんまり様の、案外厳しい愛のムチなのだということを、今の私は誰よりも深く理解しているのかもしれない。

そういう目で、読んだことのない人は是非、そして「もう読んだ」という人もそのような観点から是非もう一度、本を読んでみてほしい。

で、そうなるとやはりもう私の出番はないようにも思うわけですが、一応ご参考までに、次章で私の具体的なモノ捨て奮戦記をご紹介させていただきたく思う。

何しろ現代とは恐ろしい時代で、モノが売れないせいか、世間は右を見ても左を

見ても「これはあなたの人生に絶対必要！」「これさえあればあなたは幸せを手にできる！」と声高に主張するモノたちで溢れ返っている。そんな中では、こんまりがイメージせよと強く勧める「なりたい自分の姿」はややもすればどこまでも膨張していき、「ときめくもの」と「ときめかないもの」（いるものといらないもの）にどう一線を引くのかは、実際にやってみれば、なかなかに悩ましいことだらけなのだ。

その一線を不肖私がいかにして引いたのか。その結果、一体何が起きたのか、後悔したことはあったのかなかったのか……。

7　実録・人はどこまでモノを減らせるか
その1　怒濤のイメージ作り編

イメージ作りにこそ成功の鍵があった

前章では、ラク家事を目指すなら、是非とも名著『人生がときめく片づけの魔法』を読むことを大推薦させていただいた。

そして、本の中で必ず注目していただきたいポイントとして、まずは自分の人生に不要なモノを思い切って処分できるかどうかが勝負の分かれ目であること、そしてそれを成功させるには単に「ときめき」に頼るだけではダメで、まずは「自分が目指す理想の暮らし」を強く、かつ具体的にイメージすることが何よりも重要であると世界の「こんまり」様が熱く説いていた件について、私なりに熱くご紹介させていただいたところである。

ってことで、せっかくの機会なので、今やすっかり片付けの魔法にかかりスッキリ生活を満喫している私の場合はハテどうだったかしらと振り返ってみた。

……そうだな、私の場合は「まずイメージ作りから」とか、そんな優雅なことを言ってる場合じゃなかった気がする。

何しろ、そもそもモノを手放そうと思ったきっかけが、「スッキリした部屋で暮らしたい」などというポジティブなことでもなんでもなく、会社を辞め家賃が払えなくなるという非常事態からの出発だったのだ。一生懸命集めてきた数々の「ときめくものたち」を心を鬼にして処分しなけりゃ引っ越しもできんというところにいきなり追い込まれたのである。

ってことで、とてもじゃないが、おっとりイメージ作りなんぞしているヒマなんぞ……と当時を懐かしく思い返していて、ハッとした。

確かに私、やってましたよイメージ作り！　いや、よくよく考えてみれば「やってました」どころの騒ぎじゃない。当時の私は、追い込まれながらも、いや追い込まれてたからこそ必死になってイメージを作ろうと格闘していた。そして、確かに今にして思えば、そうして四苦八苦しつつもなんとか自分なりの暮らしのイメージを固めることに成功したことで、8割がた「片づけの魔法」を自らにかけることに成功していた気がしてくる。

いやはや、さすがは世界中の片付かない人生を変えてきたこんまりメソッド！　やはりそこには、片付けられない現代人を片付けに導く普遍的な何かが確かに存在しているのだ。

ということで、まずは私がどのようにして、この重要な「イメージ作り」に成功するに至ったかを書いていきたい。

そう確かに、当時の私はイメージを必要としていた。

でもそれは、「片付け」とは関係のないところからの出発だった。私は「人生のイメージ」を強く求めていたのだ。

明るく楽しく下っていきたい

何しろ当時の私は人生の大転換期を迎えようとしていた。

だって人生半ばにして会社を辞めるということは、身も蓋もなく言い切ってしまえば、上り坂の人生から下り坂の人生へ、くるりと向きを変えて逆方向へと歩き始めるということである。

ま、言うてしまえばただそれだけのことなんだが、これってなかなかに大変なことなんですよ。人間誰しも、何かを得ていくことは嬉しく誇らしいもの。でもいったん得たものを失っていくのは、どんな人でもやはり抵抗があるのではなかろうか。一般的に言って、そこにはポジティブなイメージなどほとんどない。悲しい、寂しい、悔しい、情けない……失っていくとはそのようなことなのだ。つまりは私は今後、人生の残り半分を、そのような負のイメージにまみれた中でイジイジと生きていかなきゃならん可能性が高いのである。

いやいやいや、そんなこと絶対に耐えられません！　っていうか耐えたくありません！　想像しただけでも生きるエネルギーが失われそうではないか。

というわけで、辞める直前の1年ほどは、辞めるための準備を自分なりに着々と進めながらも内心ビクビクと怯えていた。

で、この怯えを乗り越えるには、是が非でも自分なりの「イメージ」を持たねばならなかったのだ。そのイメージとは、一言でいえば「明るく楽しく下っていく人生」のイメージである。

韓国ドラマの王妃様が救ってくれた

理想をいえば、それは上っていくよりももっと「明るく楽しい」イメージであることが望ましかった。「下り最高！」とか「上りなんて目じゃないもんね！」とか言い切れれば最高だ。要するに、私、まだまだ負けてないよ！　確かに下っちゃいるけれど、別に惨めでもないし悲しくもないもんね！　と、つい下を向きそうになる自分を励ます必要があったのである。

ってことで、まず私が探したのは「暮らしのイメージ」であった。

だって、人生の大半は「暮らし」ですからね！　仕事がなくたって、大したお金を稼げなくたって、暮らしが負けてなければ人生負けてないと言い張ることができるはず！　と考えたのであります。

だが。しょっぱなから大きな壁にぶち当たった。

だって給料がもらえなくなれば、今住んでいる自分史上最高の豪華マンションをポイと放り出され、家賃の安い狭くて古い家へと引っ越さねばならぬ。つまりは暮らしの土台である家からして、すでに「負けている」ところから出発しなければならないのだ。

……いやいや、こんなことでシュンとしているわけにはいかない。何しろ今後何十年もの我が人生がかかっているのだ。道はあるはず！　そうだよ。世の中広いんだから、よく探せば「華麗なる四畳半生活」を送ってる人だっているかもしれない……と思ったんだが、甘かった。

雑誌の特集などで「狭い家でもスッキリ暮らす」みたいな情報がないわけじゃなかったが、どれもこれもよくよく見れば「狭い」という言葉の定義がそもそも違うのであって、雑誌に出てくるような華麗な生活を送っておられる方々は、結局のところ私から見れば決して狭くはない家に暮らしておられるのである。四畳半の世界とはレベルが違うのであった。

ううむ、やはりそんなイメージはどこにもないのか……と再びくじけそうになっていたところで、私を救ったのは意外な方であった。

それは、テレビジョンの韓国歴史ドラマに出てくる王妃様だったのであります。

余分なものが何もない美しさ

それは偶然の出会いだった。

ご存じのとおり、韓国歴史ドラマといえば陰謀に次ぐ陰謀がドロドロと繰り広げられるのが特徴で、それを「えーっ」とか「そこまでやるか？」とか心の中でツッコミながら見るのが会社のストレスに押しつぶされそうになっていた当時の私の楽しみで、たまたまその時見ていたドラマも華麗なる宮廷を舞台に毎週毎週予想もつかないどんでん返しが繰り返されるいつもの展開だったんだが、忘れもしないその日のハイライトは、ヒロインを影で何かと支えてくれていた美しく賢い王妃様が陰謀の渦に巻き込まれ、宮廷を追放されるという涙のシーンだったのであります。

　哀れ王妃様、ずっと身につけてきた贅《ぜい》を尽くした極彩色の衣装も、てんこ盛りな華麗なる髪飾りも、これまた極彩色の屏風《びょうぶ》やら家具やらで埋め尽くされたお部屋も全てを失って、あてがわれたのは宮廷から遠く離れた田舎の粗末な木造の古い家。

郵便はがき

料金受取人払郵便

銀座局
承認

4373

差出有効期間
2024年3月31日
まで

※切手を貼らずに
お出しください

1048790

627

東京都中央区銀座3-13-10
マガジンハウス
書籍編集部
愛読者係 行

ご住所	〒			
フリガナ			性別	男・女
お名前			年齢	歳
ご職業	1. 会社員(職種　　) 3. 公務員(職種　　) 5. 主婦		2. 自営業(職種　　) 4. 学生(中　高　高専　大学　専門) 6. その他(　　)	
電話		Eメールアドレス		

この度はご購読ありがとうございます。今後の出版物の参考とさせていただきますので、裏面のアンケートにお答えください。**抽選で毎月10名様に図書カード(1000円分)をお送りします。**当選の発表は発送をもって代えさせていただきます。

ご記入いただいたご住所、お名前、Eメールアドレスなどは書籍企画の参考、企画用アンケートの依頼、および商品情報の案内の目的にのみ使用するものとします。また、本書へのご感想に関しては、広告などに文面を掲載させていただく場合がございます。

❶お買い求めいただいた本のタイトル。

❷本書をお読みになった感想、よかったところを教えてください。

❸本書をお買い求めいただいた理由は何ですか?

●書店で見つけて　●知り合いから聞いて　●インターネットで見て

●新聞、雑誌広告を見て(新聞、雑誌名＝　)

●その他(　)

❹こんな本があったら絶対買うという本はどんなものでしょう?

❺最近読んでよかった本のタイトルを教えてください。

ご協力ありがとうございました。

何の飾りもない白い木綿の服を身につけて、もちろん髪飾りなどのアクセサリーもなく、粗末な古いタンスと机しかない白い壁と木の柱だけのお部屋で暮らすことになった王妃様。お付きの侍女は「おいたわしや……」とそっと涙を拭うわけですが、まさにその瞬間、ダラダラ寝そべってコトの成り行きを見守っていた私は、思わずムクッと起き上がりましたよ。

こ、こ、これは……！

なんと美しい暮らしであろうか！　何もない部屋。古い家具。白く飾り気ゼロな衣装。それはまるで、かの千利休が理想とした茶室のような、余分なものが何もない分、外からさやさやと自然の風が吹き込んでくるような、そこから木々の緑や鳥の声がひそやかに気配を忍ばせてくるような、静かな落ち着きと豊かさに満ち満ちていた。それは、あのギンギラギンの王妃部屋よりもずっとずっとかっこよかった。

そして、その何もない部屋の中で背筋を伸ばして居住まい正しく静かに座っている王妃様は、キラキラした宮廷の部屋にいた頃よりも、ずーっと、ずーっと輝いているように見えたのである。

化粧も一切していない顔からは、精神の気高さと優しさが静かに立ち上がってくるようだった。そんな王妃様の前には、あらゆる可能性が四方八方に広がっているのが確かに感じられた。権力だのお金だのといった狭苦しい欲の世界を軽やかに超えた、人生のあらゆる可能性が……。

自由で美しい暮らしへの第一歩

それは実に美しいシーンであった。「おいたわしい」どころの騒ぎじゃなかった。というか、見方によっちゃあ確かに間違いなく「おいたわしい」状況だったんだろうが、肝心なのはテレビの前の私が、ここに本当の美しさ、本当の自由があるんだと心から思うことができたということである。何もかも揃った贅沢な家、日々取っ替え引っ替えの贅沢な衣装。それはそれで一つの豊かさには違いない。でもそれは、あくまで「一つの」豊かさのパターンでしかないのではないだろうか？　だって現実に今、この落ちぶれた王妃様の暮らしに心から憧れる自分がいるのだ。

そう、今にして思えばこの時こそが、私が「私の目指す新しい暮らしのイメージ」を確かに摑《つか》み取った瞬間だったのである。

何もかもが溢れるほど揃った暮らしから、何もない暮らしへの転換は、決して敗北でも没落でもない。それは、自由で美しい暮らしへの第一歩なのだ。そうとわかれば、今手にしている大切なものを手放すことをむやみに恐れなくてもいいんじゃないだろうか？　もちろん、何かを手放すのは寂しいことには違いない。しかしそれは新たな希望に溢れた美しい暮らしの第一歩であると思えば、いくら根性なしの私であっても、ちゃんとそれを実行に移すことができるに違いないと思えたのである。

それは、モノにまみれ、モノに執着することこそが人生の原動力だった私にとって、あまりにも大きな発想の転換だった。

このイメージを確かな礎として、私は着々と「人生がときめく片づけの魔法」にかかった暮らし、すなわちラク家事生活への道を歩み始めたのである。

人生は思い込みが10割！

全く人間なんて単純なもんである。

そう人生とは思い込みが10割！

それを思うと、偶然あのドラマを見ていたことが奇跡のようにありがたい。もし見ていなかったらどうなっていただろう？　モノを処分すれば幸せも処分されるという「常識」を捨てられぬまま結局は何も処分できず、でも狭い家に引っ越さねばという現実はどうにもならず、となれば行き着く先は、モノ・モノ・モノで埋め尽くされた小部屋でのゴミ屋敷生活……？　いやいやリアルにありえそうすぎて怖すぎます！　それを思うと、本当にイメージ作りほど重要なことがあろうか。というわけで、この話はまだまだ続きますぞ。

究極どこまでモノを減らせるか

実は、私のイメージ作りは韓国ドラマで満足することなく、さらに先へと進んで行ったのであった。

何しろ王妃様ですから、テレビに映るシーンといえば、机の前に座って本を読んだり書き物をしたり。生活感ゼロ。その生活の舞台裏まではわからないのである。

私は、その舞台裏こそを知らねばならなかった。

だって、現実に生きていくには食べたり着たりは永遠に必要で、つまりは「最低限のモノ」が必要なはずで、それは一体いかほどか……というのが、当時の私の疑問だった。だって王妃様は、いくら落ちぶれたとはいえ王妃であるがゆえ、そこそこ広い家でスッキリ暮らしているのだ。それなら私にだって頑張ればできそうである。真面目に片付けて、ちゃんと収納すれば良いだけのこと（実際できるかどうかは別）。でもものすごく小さな部屋でスッキリ暮らすとなると、話は全く変わってくる。何しろ収納しようにも場所がない。となれば、今あるモノを捨てまくるしかない。

ってことで、人間、一体どこまで少ないモノで生きていけるのかという、サバイバルゲームのような究極の情報を私は欲していたのだ。

江戸の長屋はミラクル物件

で、現実にそんな究極の挑戦をしている人は……ま、いないよねそりゃ。現代とはなんだかんだと豊かな時代なのだ。そんな修行僧みたいな生活をしている人なんて修行僧以外には……いや、そう決め付けたものでもないのかも？　高峰秀子さんや松浦弥太郎さんの暮らしのエッセイには、小さなアパートで一家が暮らした貧しくも古き良き思い出話などが散見されるではないか。

そうか。今だけを見てるからダメなんだ。時代を遡れば良いのだ！　一昔前には当たり前に存在したモノのない暮らしぶりを参考にすれば良いのではないだろうか。

というわけで私がトコトコ出かけて行ったのは、東京は両国の「江戸東京博物館」であった。

目当ては、テレビの時代劇で必ず登場する江戸の「貧乏長屋」（実物大再現）である。テレビで見る限り、それはまさに私が求めるイメージの塊に思えた。間違いなく狭く、貧しく、しかし見方によっては暮らしはなかなかいい感じというミラクル物件。だって部屋はすっきりとモノがないし、家電製品などないからインテリアも自然素材で統一されて美しい生活といえないこともない。一体どのようにそんな生活を成り立たせていたのか？

で、見てきましたとも！　ほとんどの入場者はこれといった関心も示さずさらりと通り過ぎるだけの展示の前で、一人フンフンと鼻息荒くなめるように長屋の表も裏も眺めまくる私である。

だってね、私はもう心底ビックリしていたのだ。

まず何よりも、その狭さ！　いや狭いとは思っておりましたよ。でも部屋は一部屋のみで四畳半のワンルーム。ここで一家が住んでたってんだから凄まじい。でもここまではまあ想定の範囲内。

私がびっくらこいたのは、そこには収納というものが全くなかったことだ。だって……押入れは？　押入れって日本家屋には昔からもれなく付いているんじゃなかったの？　ところが、ない。どこにもない。正真正銘の四畳半ポッキリ！　玄関の土間を含めても総面積は六畳程度。現代の広告風に言えば「約11平米、風呂トイレなし」というものすごい物件である。

収納なし四畳半の驚異的な暮らし

そんなところで一体全体どうやって一家が生活していたのかというとですね、要は、昼と夜でくるくると部屋を「模様替え」することで、同じ空間を何通りにも使い回していたのだ。昼は丸いちゃぶ台を置いてリビング兼ダイニングに。夜は布団を敷いて寝室に。

すごいと思ったのは、使わぬものの片付け方である。

押入れがあればなんてこたあない。そこに突っ込んでおけば万事オーケーなんだから。でもそれがないんですよ！　となれば普通に考えれば、狭い部屋に使わぬものが溢れて収拾がつかなくなり、一気にだらしない生活になりそうである。ところが全然だらしなくない。スキッとしている。なぜかといえば、使わぬものは小さくきちんとたたんで部屋の隅に置いているのだ。布団は隅に寄せ、小さな衝立《ついたて》を置いて目隠しにする。ちゃぶ台は足を折って壁に立てかけておく。

なるほど確かにこれなら狭くても収納がなくてもやっていけるじゃん……なんて一瞬カンタンに納得しそうになったが、いやいやいや、これは全くカンタンなことじゃない。

何より「けじめ」というものがなければならない。さあ一日が始まるよ、さあもう遅いから眠りましょうと、物事の区切りというものを日々キチッとつけ、その都度エイと決断してちゃっちゃと体を動かし片付けるものは片付けて模様替えせねば、狭すぎる部屋はたちまち大混乱をきたすであろう。それができなくては、一日とてここでまっとうに生きていくことはできないのだ。

そんなことが果たして私にできるのかと問われれば、もうまっすぐに下を向くしかない。

正直言って「けじめ」なんていう単語すらすっかり忘れていた。帰宅したらカバンを置きっぱなし、本を読んだら出しっぱなし、服を脱いだら脱ぎっぱなし、食べ終えたら食器は出しっぱなし……ダメじゃん！　全然ダメじゃん！　ま、負けました……。貧乏長屋などとバカにした物言いをしていた自分を大いに恥じる。ここで暮らせるのは並の現代人には無理である。真に能力のある者でなければここに暮らす資格はないのだ。

そして、驚異的に少ないもので生きていく覚悟もスキルも問われるのだった。

覚悟とスキルに満ちた江戸の人々

じろじろ観察した結果、スッキリしているのはやはり、ものをほとんど持っていないからなのであった。着物は衣紋掛《えもんか》けにかけて壁にぶら下がっている。ってことは、シーズンに一着しか持ってなかったっぽい。確かにこれなら押入れもクロゼットもなくてもいけるね……なーんて言ってる場合じゃないヨ。一着ですよ一着！　まさに修行僧。おしゃれ心とかはどうなるのか？　っていうかそれ以前に汚れたりしたらどうしてたのかね？

台所も、土間の一角にしつらえた冷蔵庫も電子レンジもない極小スペース。鍋釜も食器もほんのちょっと。どう考えても大した料理などできそうにない。ここで何をどう作っていたんだ？

そう改めて考えると、当時の人が身につけていた能力の高さに啞然《あぜん》とせざるをえないのだった。

整理整頓の能力があり、けじめがあり、少ないもので生きていくスキルがなければ、ここで生きていくことはできない。しかも杉浦日向子氏の江戸本などによれば、そんな制約の多い暮らしであっても当時の人は実に明るく元気である。貧乏だからと下を向いたりなんてしてない。おしゃれもしたし、清潔好きで、美味しいものも大好き。こんな狭い長屋でひしめき合って生きていたのだからコミュ力だってえらく高かったに違いない。現代の我々の一体誰に、こんなことができるだろう？

……私は大きな思い違いをしていたことに気づく。

これまでずっと、我らは時代とともに進歩しているのだと当たり前に考えてきた。貧しく不自由な暮らしを強いられていたムカシとは違い、お金もモノも情報も着実に手に入れた我らは、昔よりずっと「よくなっている」のだと当たり前に思っていた。

でも、本当にそうなんですかと貧乏長屋は問うていた。

「退化」した自分を鍛え直すチャンス

広い家、便利なもの、たくさんの服、素敵な調理道具たちを手に入れた私は、むしろ退化していたんじゃ？　「あって当たり前」の暮らしの中で、体を動かさなくなり、頭も動かさなくなり、考える力も工夫する力もすっかり錆《さ》び付いてしまっている。そしてそれはきっと私だけじゃない。豊かさにかまけた現代人の多くは、チコちゃん流に言えば「ぼーっと生きている」のだ。お金やものに豊かさを頼っている間に、何はなくとも自分の力で豊かな暮らしを作っていく力はすっかり痩せおとろえているのである。

なるほど。

何かすとんと、腹に落ちるものがあった。

だから我らは不安なんじゃないだろうか？　昔の人に比べたらずっとずっと豊かなものに囲まれて生きているのに、どこまでいっても満足できず、もっと、もっとと自分を追い立てているのは、何かを手に入れるほどに、自分の中身はすっからかんになっていってるからじゃないのか？

ものを処分し暮らしを小さくするとは、泣きながらものを捨てることでも、惨めさに耐えることでもなかった。それは自分を鍛え、進化させることだったのだ。貧乏長屋からは「スキルなき者は去れ」という声が聞こえてきそうだった。下を向いてる場合なんかじゃなかったんである。今の自分のままではダメなのだ。スーパーマンにならなきゃこんな生活はできないんである。

なるほど。

ここに至り、私の目指す暮らしのイメージは完全に固まった。

私はこれから、失われた自分自身を取り戻しに行くのだ。ものに頼らず金に頼らず、自分の内なる力を信じ、それを発掘し磨いて生きていけるかどうかへの挑戦が始まるのである。金やものがあれば豊かになれるのだと信じて疑わなかった人生からの180度の転換である。

そう思ったらですね、私の眼の前には一片の曇りもなくなった。もう100%心から、元気イッパイにワクワクしてきた。どう考えても、その先に待っているのは明るい希望であるように思えたのだ。

だってこれから先、私はどんどん年をとり、思うように稼げなくなってお金ももものもどんどん失っていくことは間違いないのである。その時、金に頼って幸せを獲得してるようでは不幸になる予感しかないではないか。だから今こそ、自分を変えなきゃいけないのだ。金にもものにも頼らず、頼りは自分の内なる力！　うん、きっと大丈夫。だって江戸の人たちとてそもそもは特別な才能の持ち主というわけではない。ごく「普通の人」である。それでも便利に頼らず金にも頼らず生きることで、内なる知力体力を目一杯使うことでスーパーマンになれたのだ。

THE

私のラク家事メモ⑦
マジで錆びついていた五感

かくして貧乏長屋にライバル意識を燃やし「バックトゥ江戸」な暮らしを志すことになったわけだが、じゃあその結果、果たして江戸の人のごとくスーパーになれたのか？

はっきり言おう。日々着々と「スーパーな私」になっている気しかしない今日この頃である。

ってことで、そのほんの一例をご紹介したい。

だいたいのことを「手」でやっていた当時に倣《なら》うようになって日々実感するのは、「五感」を日々当たり前に使うようになったこと。

例えばご飯を炊くのは、炊飯器ではなく小さな鍋。しかも計量カップもタイマーも手放したので、全ての加減が「適当」である。となると、コンロにかけた鍋が発する音や匂いにやたら敏感になる。それをもってして、いつ火を弱くしたり止めたりするかを判断していくのである。

例えば、こんな具合。

蓋をして強火にかけたご飯が「吹きこぼれる」直前、グツグツいっていた鍋が一瞬、無音になるのだ。そんなこと50年生きてきて全く知らなかったし、私の知る限りどんなレシピ本にも書いてやしないが、10年近く同じ鍋で日々同じ作業を繰り返していればどんなボンヤリでも気づく。なので今じゃ無音になった瞬間、さっと鍋に駆け寄り蓋をずらして吹きこぼれを防ぐ。そのたびに「私ってスーパー！」と自画自賛していることはいうまでもない。

また冷蔵庫がないと「賞味期限」というものに頼ることができない。だって現代日本のほとんどの食品は「要冷蔵」なんです。「冷蔵」がそもそもできない私には意味のない表示である。

ってことで、食べられるかどうかを判断するのは我が「鼻」。クンクンしてオッケーかどうか決める。だいたい瞬時に判断がつくが、漬物などの保存食も自分で作っているので、「発酵」と「腐敗」の境目が微妙な瞬間も発生する。その際、頼りにするのはフィーリング（第六感）だ。「まあいけそう」と思ったら食べるし、そうでなければやめておく。それでお腹を壊したことは一度もないので、まあ正しい判断をしているのである。

また手で洗濯物を洗うと、当然のことだが水の温度に敏感になる。夏の水はぬるく、猛暑の日はほとんど湯。秋になると徐々にひんやりしてきて、冬は身を切るようである。ただそれだけのことだが、自然をダイレクトに感じるのが妙に面白い。夏の水は生ぬるいが、蒸し暑い日に手で水をピチャピチャ触るのは水遊びそのもので、汗をかくので洗濯物も増えるが大歓迎。逆に冬の洗濯は冷たく辛い。でも冬は汗をかくわけでもないので日々の洗濯物は下着程度。いずれもまことにありがたく、自然はよくできておると天に感謝したくなる。

こうなってみると、便利に頼っていた時の自分が、いかに自分の感覚を使っていなかったかを思わずにいられない。料理は計量カップやスプーンに頼っていたから味見もしなかった。使っていたのは軽量を間違えないための「目」だけ。洗濯でも水の温度など感じたことのないのはもちろん、何がどう汚れているか見ることすらしなかった。それも当たり前で、人が「何もしなくてもいい」ように作られているのが便利なものたちなのである。

ってことで、便利をやめた私は日々、自分の中にこんな感覚があったのかと驚きながら暮らしている。まるで宝探しである。埋もれ、錆びついたお宝を一つ一つ掘り起こし、ホコリを払って油をさし、再び使えるようになったものが日に日に増えていく感覚である。

ってことはですよ、まもなく還暦の私はこれから自分の肉体がどんどん衰えていく現実に向き合わざるをえないと思っていたんだが、本当にそうなのか。実は私には本来ちゃんとあるのにほったらかしにして見向きもしてこなかった黄金の資源がたくさんあって、それを一つ一つ開発していったなら、むしろ衰えるものより開発するものが多いのではないか？　老いがどーのとか心配してる暇があったら、まだまだやるべきことはあるんじゃないのかね？

などと、家事をするたびに自分の進化と将来の希望を感じずにはいられないのである。これを「スーパー」と言わずしてなんと言おう。

8 実録・人はどこまでモノを減らせるか
その2 怒濤の実践編

いざという時のために

こうして、半世紀にわたり「片付けられない女」としてとっちらかりまくった人生をどうすることもできぬまま汚部屋暮らしをデフォルトとして生きてきた私は、まさかの「韓国歴史ドラマ」と「江戸の貧乏長屋」というアジアの二大史実に勝手に助けられ、あの「世界のこんまり」様も熱く推奨する、人生がときめく片付けに欠かせぬステップ、すなわち「新たな暮らしへのイメージ作り」に完璧に成功したのであります。

で、ちょっとお考えいただければおわかりかと思うが、このイメージはいずれも、相当に極端なものである。

かたや、罪人として宮廷から追放された王妃様。かたや、四畳半押入れなしの小部屋に一家で暮らす江戸庶民……現代を生きる我らから見れば、設定も極端だが、いずれも「持ち物が少ない」どころか、ほぼ何も持っていないという程度も極端。

ミニマリストがすっかり一般的な言葉になり、「私、ミニマリストなんで」などとカジュアルに自称する方も珍しくなった今日この頃だが、そのようなミニマリストもビックリレベルの、あまりにも徹底した「持たない生活」ぶりである。

そのようなビックリな人たちをお手本にしたものだから、当然、我が「持たない生活」も相当なビックリレベルになってしまった。

ということできっとビックリされるとは思うが、まずは私がこの極端なお手本に励まされ、結局モノをどこまで減らすことに成功したのかをご紹介しようと思う。

あ、一応念のため言っておきますが、決して皆様もここまで徹底してモノを減らすべきなどと言いたいわけではない。これはやはり一人暮らしだからこそできたこと。人にはそれぞれ事情があり、誰もがやりたい放題できるわけじゃないですよね。

それでもあえてこれを書くのは、私のごとき世間に流されるまま物欲にまみれて生きてきたへなちょこ現代人であっても、その気にさえなれば、ここまでモノを減らせるのだということ、そして実際のところ、ここまで極端なことをしたところで何の支障も不便もなくヨユーで暮らせるという「生きた実例」を知っていただきたいがためである。そして、所有物は少なければ少ないほど自動的に家事がラクになり、自分で自分の身の回りを簡単に整えることができる。それはこの不確実で不安な世の中を、地に足をつけて最後まで明るく生き抜くための強力な武器になるということを伝えたいためである。

なので、何をどこまで減らすかはそれぞれの事情に応じて考えるとしても、人は一体モノをどこまで減らせるのか、いざという時（災害、戦争、失業などで否応なく持ち物を減らさねばならなくなった時）のために実例を知っておくことは決して無駄ではない。知った上で、自分の持ち物をどうするかを考えていただければ幸いである。

というわけで、いよいよ私の「生きていくのに必要なものは実はこんなにも少なかった自慢」開始であります。

・洗面所まわり編

まずは、風呂と洗面所まわりである。

なぜここから始めるのかというと、このエリアが、私が最もモノを大胆に減らしたスペースだからである。要するに、一番自慢しがいがあるからであります。

家の中の「ふきだまり」エリア

ご自身の家のこのスペースを見ていただければわかると思うのだが、ここはこれといった自覚もないまま、案外驚くほどのモノが地味にギッシリと詰め込まれている場所だ。タオルなどのほか、各種化粧品とかシャンプーとか、あるいは洗剤とかスポンジやブラシなどの様々なお掃除グッズの類などなど。

いわば家の中の「ふきだまり」といいますか、舞台裏といいますか、人前には晒《さら》したくないもの、表に置いておくにははばかられるようなものが集結する場所なんですよね。表向きはスッキリ暮らしている人も、案外ここには雑多なものがぎっしりたまっていたりする。たとえていうなら、どう見ても素顔としか思えないナチュラルメークが、実はあらゆる化粧品を駆使した精巧なアートのごとき「作品」であることが身も蓋もなくわかっちゃう場所といいますか。つまりは、その人のリアルな実像があられもなく露呈する場所なんですよね。

となれば、私のような凡人となれば、そのとっちらかりぶりといったらいうまでもなかったのでありました。

例えばタオルなど置くスペースは、天井までの作り付け収納という超たっぷりした場所だったにもかかわらず、大小の数限りないタオルのほか、ついつい買ってしまうオシャレなバスソルトやら、使い切れないのに捨てられもしない香水やら、ネイル用グッズ一式が詰まった箱やらでぎゅうぎゅうと満杯だった。さらに、洗面台下の収納スペースには、風呂用、住まい用、トイレ用などのありとあらゆる洗剤、各種スポンジ、ブラシ類、掃除用のボロ布などがぎっしり。さらに洗濯機上のスペースにも数種類の洗剤がずらり。

もちろん、洗面台横の広い化粧品入れスペースもぎゅう詰め。まずはクレンジングミルクやら化粧水やら乳液やら美容液やらパックやらの、加齢とともにどこまでも増え続ける基礎化粧品、そしてファンデーション、白粉、ハイライト、アイシャドーやマスカラ、頬紅などのぬりぬり系化粧品。加えて化粧専用のスポンジやらブラシやらカット綿やら綿棒やらパック用シートやら眉ブラシやらまつげ用ビューラーやらの「化粧グッズ」がぎっしりと入っておりましたとさ。

……ふう。

一切合切捨てて困らない

こうして思い返すだけで、ほんの7年ほど前の自分の暮らしがどこぞの惑星の人の出来事のように遠く思える。

何しろですね、私、上に挙げたものどもを、ほぼ一切合切捨ててしまったのだ。

もちろん、できることなら捨てたくなんかなかった。だってこれらのものたちは、一言でまとめれば「外見を取り繕うためのグッズ」。人前に出ても恥ずかしくない顔やお肌を演出するための、そして自分のお部屋もスッキリ清潔に保たれているように演出するための。それを手放すってことは、社会生活を捨てるようなものではないか。

いやいやいくらなんでも……である。色気づくお年頃じゃないとはいえ、それでもセルフイメージってバカにしたもんじゃない。この世知辛い社会を元気に生きていくための必須なヨロイみたいなもんでしょ。それを「なくす」なんて、そもそも考えたこともないよ？

だが私には選択の余地はなかった。

タオル一本とゴマ油さえあれば

何しろ会社を辞めて引っ越した築50年の収納ゼロの家の中でも、洗面台とトイレが一体となった洗面スペースの置き場のなさといったら驚異的としかいいようのない惨状だった。タオル置き場もゼロだし洗面台下の収納スペースもない。洗面台も昔の公衆便所みたいに極小なうえ、表面がどこもかしこもスキー場のゲレンデのように複雑に斜めになっていて、どうやっても上にものが置けない。

ってことで、結局以下のようなことになってしまった。

・タオル類……フェイスタオル一本残して、全捨て
・化粧品類……全捨て
・シャンプーなどヘアケア商品……全捨て
・住まいや衣類の洗剤……石鹼と重曹とクエン酸のみ残して全捨て
・スポンジなど掃除用小物……雑巾一枚残して全捨て

いやーこうして書くと、我ながら相当なことをやってのけたと言わざるをえない。

ちなみにこれでどうやって生活しているかというと、体も髪も湯で洗い、風呂から上がる時は小タオルで拭く。使ったタオルはすぐに手でちゃっと洗って干せば翌日には乾く。つまりはタオルは小一本だけあれば良いのだ。

化粧品類は全て捨てた代わりに、ゴマ油（スーパーに売ってる透明のやつ）で毎朝全身マッサージ。これだけで乾燥知らず。ちなみにこれはインドのアーユルヴェーダという健康法に則《のっと》ったれっきとした美容法である。

「拭く系の掃除」は雑巾一枚で全てを賄う。使い終えればすぐに洗って干せば翌日も同様に使えるので一枚で良し。

モヤモヤも不安も吹き飛ぶミニマルさ

案外やればできるな……というのが嘘偽らざる感想であった。というか驚きであった。何しろここまで極端なことをしても何の支障もなかったのである。いや支障がないどころか圧倒的にラクで気持ち良いのだ。

だってタオルも雑巾も一つしかないとなれば使い終わればすぐに洗って干すしかないわけで、やってみれば一瞬で終わるし、何よりその一瞬で全てがスッキリとカタがつく。何かが「汚れている」時間が限りなくゼロに近いのである。これぞ真のスッキリじゃん！

そしてここまで究極にモノを減らせば、当然のことながら全てのものが絶えず「稼働している」ことになり、これもまたとても気持ちのいいことなのであった。

私を取り囲むものたちがみんな俄然《がぜん》イキイキする世界。休みなく活躍している小さなタオルも雑巾も、自分は日々役に立っているんだ、活躍しているんだと自信満々にしか見えない。そんな誇りに溢れたものだけに囲まれて暮らすなんて、このもの余りの時代を生きる人のほとんどはやったことないと思いますが、で、もちろん私もやったことなかったんだが、っていうかそんな世界があるなんてことも知らなかったんだが、これが本当に、思いのほかめちゃくちゃ気持ちいいんである。自分も含めて、人もモノも結局のところ、何かの役に立ってるってことが一番幸せなんだよねと大切なことに気づかされる。

逆に言えば、これまで大量のものを「ふきだまりスペース」にふきだまらせてきたということは、そのほとんどのものが活躍の場を与えられず「オレの存在価値って……」と暗い気持ちで延々と過ごしていたということに他ならない。

つまりは私、スッキリ暮らすためと称して、実際のところはドンヨリと暗い、全くスッキリしないものたちを大量に抱え込んで生きてきたのだ。

なるほどスッキリするための道具をスッキリと整理することこそが、真のスッキリだったんだ！　……としみじみ思う今日この頃。

で、それはそれで良しとして、我が「身だしなみ問題」である。

素のまんまの身だしなみで問題なし

確かに身の回りはスッキリ、日々の暮らしも晴れ晴れとした。しかしその結果、私自身はどうなったのか？　身だしなみグッズをほぼゼロにした結果、こう見られたい、こうありたいという自分を諦めなきゃならなかったのか？

結論から言うと、これももう全く、驚くほど何の変化もなかったのである。

どこでもすっぴんで通しても、そもそも誰もそのことに気づいていない模様。少なくとも、最近地味だねとか、老けたねとか、元気ないねとか、そんなことは一度も言われたことはない。

結局、人は私が思うほど、私のことなんて気にしちゃいないのだ。そして案外、自己イメージなんてものは、これも自分が思うほど、化粧とか香水とかで作られてるわけじゃなかったのかもしれない。どんなにうまいこと取り繕うが、案外人は、その人そのものをズバリと見抜いているのかもしれません。

ま、そう思うと、あの各種化粧品に費やした少なからぬお金と労力は一体何だったんだ……と思わないわけじゃないわけですが、そんな過ぎたことはもうどうでもいい。

結局、私は私のままで大丈夫なのだ。何も足さない。何も引かない。タオル一本と、ゴマ油だけで、死ぬまで「美人じゃないがそこそこシュッとしたイナガキさん」として生きていけるかもしれない。

これはやはり、朗報、いや生きる希望と言わずになんと言おう。

最後まで捨てられなかった「アレ」も……

ということで我が「真のスッキリ生活」を自慢させていただいたわけだが、何度も書いてきたように、何が必需で何がそうでないかは、その人の置かれた状況によって異なる。万人に共通の正解があるわけではない。

しかしここは最大限に強調したいところなんだが、その境界線はきっと、皆様が想像する以上にずーっとずーっと「いらない寄り」である。そして、勇気を出して手放してみて「あ、これって実はいらなかったじゃん！」と気づくことは、世の中のどんなに良くできたゴラクよりはるかに深い快感と解放感を人生にもたらす。

ってことで、ダメ押しとして、洗面所まわりのモノ捨てにおいて我ながら「いやはやここまで捨てますか……」と驚いた「あるモノ」について書いてみたい。

今思い返しても、これを捨てられた時の快感と言ったら！　何しろこれだけはどこをどう考えても「必需中の必需」と信じて疑わなかったのだ。タオルも化粧品も冷蔵庫も洗濯機も捨てられても、これだけは無理だった。事実、最後まで捨てずに持っていたのである。

その「あるモノ」とは……トイレブラシ、であります。

最初はそれを捨てるなど思いつきもしなかった。

だってトイレブラシがなかったら……トイレ掃除ができないではないか！　私、元来掃除好きでもなんでもないが、それでもトイレが汚れているとどうにも落ち着かない。汚部屋暮らしをしていた時も、トイレだけは最後の砦《とりで》というか、ここだけはマシな状態に保ちたいという気持ちがあった。ここさえきれいなら、他はどうあれ「真人間」のギリギリのところに自分を保っていられる気がしたのである。

となれば、そうトイレブラシくん！　彼こそが頼みの綱。汚れ仕事を一手に引き受けてくれる究極の相棒。つまりは彼の存在あってこそ、私はなんとか真人間でいられたのである。

ところが前回ご紹介したように、洗面所まわりのスペースでありえないくらいのモノ捨てを決行した結果、すっきりとした床にポツンと置かれた黄色いプラスチックの「彼」が、ふと気づけばなんとも浮き上がって見えてきたのだった。

だって全てがすっきりした中で、そこだけがどうにもこうにもモヤっとしている。悪い「気」のようなものが漂っている。

なるほど、ちょっと考えたら理由はすぐにわかった。

結局、手で洗うしかない!?

ものを減らした結果、わずかに残した雑巾もタオルも大活躍。日々部屋や我が体をきれいにするためにせっせと働き、自分自身も一仕事終えた後はきれいに洗ってもらって「ああすっきり」とゆらゆら風に揺れている。

そんな中で、トイレブラシだけが洗ってもらっていないのだ。自分はトイレという、誰も触りたがらない場所をせっせときれいにしているのに、自分自身はその汚れを身につけたまま放置されている。

そりゃあドヨンとするよねどう考えても。

もちろんこれまでの何十年もドヨンとしていたことは疑いないが、何しろものが多すぎて、あらゆるものが使われずに放置されていたし、洗濯物はため放題、掃除も週一しかしなかったので、要するに全てのものがドヨンとしていたために目立たなかったのであろう。しかしこうなってみれば、明らかに彼だけが気の毒な状態に置かれていることがどうにも気になって仕方がない。

もちろん、解決策ははっきりしていた。トイレブラシも雑巾と同様に、使うたびにきれいに洗ってあげれば良いのだ。うん。

でも……勇気が出ない。だってトイレブラシって、本音を言えばできるだけ触りたくない、はっきり言えば見たくもない存在である。いやわかってます。勝手なことこの上ないですよね。汚れ仕事を担っていただいている相手を「汚物」として忌避するなんて、どう考えても人として最低である。

うん、そうだよ。今こそその、私の中の一番ダークな部分と向き合う時ではないだろうか？　何も直接触らなくたって良いではないか。ゴム手袋をして洗えば……

あ、それだと、今度はそのゴム手袋をどう洗うのかという問題が発生する。使い捨て手袋を使う手もあるが、自己満足の代償として日々プラごみを排出するというのも、それはそれでどう考えても真人間とはいえないのでは……ってことは、結局「手」で洗うしかない……？

トイレが「汚い」場所じゃなくなった日

考えただけでグッとくる。でも不可能ってことはないはずだ。確か何かの本で、「素手でトイレを掃除する修行」について読んだことがあったっけ。有名な経営者が実践していたような。それを思えばトイレブラシとて素手で洗えないことなどあるものか……と決意しかけたところで、私はハッとしたのだった。

それなら最初から素手でトイレを洗った方が早いじゃん！　なぜ汚れをいったんトイレブラシにこびりつけてからそれを洗う？　どう考えてもナンセンスである。

というわけで、30年近く連れ添ったトイレブラシをエイヤーと捨てたわけです。

結果、便器の横に、あのおなじみのブラシスタンドがない……どこにもない、マジで何もない……！　という、おそらく日本広しといえども相当にレアな人生が始まったのであった。

今も、初めてその光景を見た時の、なんとも言えぬ爽やかな気持ちを忘れることはできない。

だってその瞬間、人生で初めてトイレが「汚い」場所じゃなくなったのだ。

よく考えるとこれまでは、いくら掃除をしたとて結局汚れはブラシに移して温存していただけ。ってことはつまり、これまで一度だって本当の意味で「トイレ掃除」をやりきったことなどなかった。言い換えればその瞬間、私は人生で初めてトイレ掃除に成功したのだ！

……で。わかっております。肝心なのはそこからですよね。トイレブラシを捨てた私のトイレは、トイレ掃除はどうなったのか？

はい。毎朝、便器にクエン酸を小さじ1ほどふりかけて、小さな布でもって、排水溝の奥の方まで手を突っ込んでゴシゴシ掃除する。それが私の新しい習慣だ。

なに？　やだー？　信じられない～……って？　いやいや、やってみればサイコーっすよ。自分の出すものが引き起こしたことは、どんなものであれ最後まで自分の手で始末をつけるという矛盾のなさ、潔さ、晴れ晴れとした感じといったらない。ここまでやれたらもう大丈夫というか、これができて初めて人は本当の意味で自立できたと言えるんじゃないかという気もする。文字どおり「自分のケツは自分で拭く」ってやつですな。何かに自分のケツを拭いてもらわなきゃ生きていけないなんて、清潔でもカッコよくもない。いやもちろん、これから老いて寝たきりになどなればそうも言っていられない時が来るだろう。しかしそうなるまでは、一日でも長く自分のケツは自分で拭いて生きていきたい。

毎朝2分の習慣で世界とつながる

それによくよく考えてみたら、ウンコもオシッコも自分の中から出てきたものである。さらに遡れば、そのモトは自分が飲み食いしたものである。美味しく楽しくキャッキャと言いながら口から入れたものなのである。それを自分自身の内臓で消化したものの、一体何が「キタナイ」というのか？　もし不快な臭いがしたり、べちゃべちゃしたウンコが便器にこびりついたりしているとしたら、それは食べたものに問題があるのだ。つまりは自分で消化しきれないゴチソウに目がくらみ、繊維の豊富なものや発酵食品の摂取などを怠った結果なのだ。つまりは、便器の汚れは自分の腸の汚れであり、さらには自分の心の乱れとつながっているのである。

そう思えば、自分の手で日々便器をきれいにするのは、日々自分の腸の状態をチェックし、ひいては腸をきれいに、そして心をきれいにする行為に他ならない。そこから目を背け、まるで他人事のように「キタナイ」などと言うている場合ではない。

それだけじゃない。自分が流したものはこの世から消えるわけではなく、川や海とつながっているのである。つまりはいずれは回りめぐって自分に返ってくるのだ。そう思えば、自分の手で触れられないような汚物を世界に流してはいけない。手で便器を洗うことは、自分がやらかしたことに責任を持ち、広い世界へ向けて「行ってらっしゃい」「また元気で帰っていらっしゃい」と送り出す行為でもある。

毎朝2分ほどかけて手でゴシゴシと便器をこする間に、遠い川や海や宇宙が喜んでいるお姿を思う。私はもう一人ではない。そして、今や我が排泄物は嫌な臭いもしなければ便器にこびりつくこともない。私は生きる浄化装置と化したのである。

それを思えば、仕事がうまく行かなかろうが友達が少なかろうが「私にも生きている価値はある」と思うことができる。最高だ。

ものを手放すとは、かくも大きな結果を生むのであります。

・洋服編

ってことで、洗面所まわり、いわゆる「暮らしのふきだまりスペース」を日の当たる場所へと変身させることに成功したところで、続いていよいよ「洋服編」。

これ、全員悩んでるやつですよね。私の感じでは「いま断捨離中で……」と言う人のほとんどが、具体的には「服の断捨離」をしているのだ。ちなみに先日、着なくなった服のフリマイベントを友人とやったんだが、宣伝のためFacebookで告知したところ、反応のほとんどが「行きたい！」ではなく、「私も出品したい！」だった。そんな時代である。今や我らの人生はもれなく「着なくなった服」でできているのだ。

服の9割減に成功する

で、私がその問題の服をどこまで減らしたかというと、ざっと「9割減」といったところであろうか。

なぜここまでやったかというと、何度も言うが、会社を辞めて移り住んだワンルームマンションには「収納」がなかったゆえ。右を見ても左を見ても壁、壁、壁で、クロゼットとか押入れとか、そのような類のものは一切なかったのであります。

ちなみにこのマンションが建ったのは第一回の東京オリンピックが開かれた頃である。日本経済がグングン上を向いていた、今思えば夢のように勢いのある時代だが、じゃあ実際に当時の人がどんな暮らしをしていたのかといえば、こんな収納ゼロの家でも平気の平左で生きていたのだ。今の基準でいえば間違いなく正真正銘の「ミニマリスト」。つまりは当時は日本人はほぼ全員がミニマリストだったのだ。

ならば私とてここで暮らせぬはずがなかろうと自分を励ましたわけだが、とはいえ社会生活を送る以上は「服ゼロ」というわけにもいかないので小さなタンスを買った。どうせなら家と同年代のものが良かろうと、昭和家具の店にあった50年前の中古タンス（約1万6000円）を購入。日焼けした木の風合いが古ぼけた部屋になかなかぴったりで思いの外オシャレである。なるほど物事は調和が全て。どんなにボロい安い家具も、ぴったりの場所が得られればイキイキするらしいと再び自分を励ます。

捨てて捨てて捨てまくる

いずれにせよ、これからはこのタンスに収まるものだけで生きていくのだ。「ヨロシクタノム」と頭を下げてみたり。しかしルンルンしていたのはそこまでで、いざ服やら下着やらストールやら靴下やら入れてみたら……ヨロシクも何も、驚くほど何も入りゃしねえ！　だってコートもたたんで引き出しに入れるしかないんですよ。生まれてこのかたコートをたたんだことなどありません！　そもそもたたんで良いのか？　どう考えてもシワになるんじゃ？　でも選択肢がないんだから仕方ない。なので頑張ってたたんで入れたら予想はしてたがかさばりまくりである。さらに、予想していなかったのにかさばりやがったのがストール類。どんなに必死にクルクルまとめても、ストールの分際でセーター以上のボリュームではないかっ！　結局、服を捨てて捨てて捨てまくるしかなかった。

ま、当然である。そもそも大型クロゼット三つ、さらにカラーボックス四つ、バスケットラック一個（改めて書くと全くもって恐ろしいボリューム！）にぎゅう詰めにしていたコートやら服やら下着やら靴下類やら寝間着やらスポーツウエアやら浴衣やら小物やらを一切合切全部まとめて小さいタンスにエイヤアと収めなくちゃならないんだから、そりゃそーでしょうよ。

今思い返しても、よくぞやり遂げたものだ。

「全捨て」とはいわないまでも、感覚としてはそれに近い。普通の人がよくやる「着ない服を捨てる」などというレベルじゃ全く追いつかない。愛用している服も容赦なくリストラ対象。

なので、家事をラクにするには誰もがここまでしなけりゃいけないのか？　というと、そんなことはないということをまずは断っておく。普通に収納がある家に暮らしているなら、ざっと5割も減らせば（それはそれで大変ですけどね）それなりにスッキリ片付いた部屋で暮らせるはずである。

ならばなぜ、私がここであえてこのような極端な体験について書くのかといえば、人間、誰だって本気になればここまでできるのだとお知らせしたいのである。

服を9割減らした先に何が起きる？

何しろ私、自慢じゃないが筋金入りの洋服バカ。服を買いまくりたいために働いてきた女といってもいい。さらには、会社員時代は年功序列という昭和なシステムのおかげで引っ越すたびに収納たっぷりの家へと住み替えてきたので断捨離など考えたこともなし。際限なく服をため込みウッシッシと生きてきた。そんなヤカラでも、追い詰められれば「9割減」という偉業を達成することができたのである。つまりは誰だって「やればできる」のだ。

要は、やるかやらないか。もっと言えば、全ては「やる気」の問題なのではないだろうか。

言い換えれば、多くの人が断捨離に失敗するのは、なんだかんだ言って「服を捨てたくない」気持ちを捨てられないのである。だっていくら部屋がスッキリしても、服を捨てたその先の人生は一体どうなるのか？　人生を輝かせたいと思って一生懸命服を手に入れてきたのだ。ならばそれを捨てた先の人生は……普通に考えて、全然「輝く」気はしないのが普通であろう。それではイマイチやる気が出ないのも当然すぎるほど当然である。

なのでまずは何よりも、捨てた先の私に一体何が起きたのか、人生どうなっちゃったのかをお知らせせねばなるまい。

おしゃれとは服を沢山持つことなのか

結果を一言でいえば、これもまあ驚いたことに「どうってことなかった」のである。私が人生でずっと大事にしてきたこと、つまりはおしゃれが大好きで、どんな日も最高の服装で過ごしたいということにおいては一切の変更なく今に至る。念のため申し添えれば、他人様にも「9割減」の前と後でイナガキさんのイメージが変わったと言われたことは一度もない。もしかすると言いたくても言えないだけかもしれないが、恐らくそんなことでもないのではないだろうか。だって、今も初めて会う人にはよく「イナガキさんってオシャレですね」と言われるのだ。むろんお世辞であることは十分承知しているが、それでもそう言っていただけるということは、客観的におしゃれかどうかは別として、「おしゃれに興味がある人間」「頑張っておしゃれしたいと思っている人間」と認定していただいているのではないかと思う。ま、考えたらこれまでだって同じことだったんだろう。

これが一体どういうことかと言いますと、これは案外知られているようで全く知られていない事実で、私もいざ自分がそうなってみるまで全く知らなかったんだが、その人がおしゃれかどうかは、その人が持っている服の数とは何の関係もなかったらしいのである！

……いやー、びっくり。私はずっと、おしゃれな人とは服をたくさん持っている人のことだと思っていた。でもよくよく考えてみりゃ確かに、んなわけないんである。

だっておしゃれな人って結局のところ、その人に「よく似合っている」服を着ている人だ。で、私は９割の服を捨てた時、当然ながら、何を捨て何を残すか悩みに悩んだ。その断腸の決断にあたり、全ての服を実際に着てみた。残せる服が少なすぎるので「高かった」とか「まだあんまり着てない」とかそんなヌルイことを言うてる場合ではなく、「一点の曇りもなく似合っていると思えるか」を厳しく服と自分に問うたのだ。

そして残った1割の服を毎日のように着てるんだから、そりゃ「おしゃれな人」であって当然だ。こんな当たり前のことに気づくのに半世紀もかかってしまった。

今日も元気で頑張ろうと思えればおしゃれ

これまでたくさんの服を着てきたことは、それはそれで楽しかったことは間違いない。

でもあのままどこまでも服を買い続けていたら、私は間違いなく破綻していただろう。何年も着ていない服、存在すら忘れている服は山ほどあった。考えてみればそれは当然で、いくらイケてる服をたくさん持っていても着る人間は私一人。そして泣いても笑っても1年は365日。一人の人間が着られる服なんてどうしたって限りがある。なのに毎シーズン毎シーズン、まるでそれが義務であるかのように、新しい服を買い続けていた私は一種の狂人であった。一体なぜそんな明らかに不合理なことがやめられなかったのだろう。

今にして思えば、私は服を買うことで「もっとすごい私」になりたかったのだと思う。

今持っていない新しい服を着ることで、今の自分をバージョンアップ、あるいはリニューアルしたかった。逆に言えば、そうして自分を「盛って」いなけりゃ世間に認められないと信じ込んでいた。私は今の私のままじゃダメなんだと思っていたのである。

服を手放してみて初めて、そんなことはないと知ったのだ。

私は私のままで大丈夫だった。毎日同じ服を着ていようが、自分さえ心地よく満足でいられたら、背筋を伸ばして機嫌よく笑顔でいられた。そう肝心なのは本当はそこだったんだ。自分は自分であって良いのだと思えること。欠点も至らぬところも多々あれど、そんな自分を自分として今日も元気で背筋を伸ばして生きていこうと思えること。そうだよそれこそが「おしゃれ」の目的なんじゃないだろうか？

それは洋服を次々と買い続けなくたって、ちゃんと達成できたのだ。いやむしろ、今ある服を減らしまくって究極の服だけを残したことで、間違いなく達成できたのである。

「買い物」こそが最大のムダな家事

となると、一日の中で服のことを考える時間がいきなり消えた。だって、私にはもう新しい服の情報など必要ないのだ。それまではなんだかんだと絶えず最新の服の情報をチェックし、ちょっとでも暇があれば店を覗いて物色し、あれも欲しいこれも欲しいと思い、そのためには歯を食いしばって金を稼がねばとストレスに耐えてきた。

その一切がなくなったんである。

いやはや、愕然《がくぜん》としたね！　だっていざそうなってみたら、私がそのことの一切合切にいかに膨大な時間とエネルギーを費やしてきたかに驚くしかなかった。だっていきなりの余裕！　有り余る自由時間！　私の人生はいきなりバージョンアップしたのである。

これをまとめますと、私は服を9割捨てたことで、おしゃれ心は一切捨てることなく、膨大なお金とエネルギーを生み出すことに成功したのだ。

そう改めて考えると、「買い物を減らす」ことの価値に改めて気づかずにいられない。みなさん家事というと、炊事洗濯掃除って思ってるかもしれませんがね、現代人が最も時間とエネルギーを費やしている家事は間違いなく「買い物」だ。買い物って立派な家事ですよ。これを省力化せずに何を省力化しようというのか。

「ここではないどこか」を探し続ける不毛

改めて考える。我らはなぜこれほど買い物をしまくらずにいられないのだろう。次々と新しい服やら便利グッズやらを、膨大な時間とお金をかけて手に入れ続ける人生。それは全て、ここではないどこか、今じゃない未来に楽園があると信じ続けているからこその行動だ。この行動パターンには決して終わりがない。なので、我らの人生は常に「時間がない」のである。自分は自分のままでダメなのだ、もっと何かを手に入れなければ幸せにならないのだと考え続けていたら、人生の時間はどこまでも足りず、一生は買い物で始まり買い物に終わることになろう。ひいてはお金の悩みも生涯ついて回ることになろう。

でももし、ここで良いのだ、自分は自分で良いのだ、自分はすでに全てを手に入れているのだと思うことができたなら。

それだけで、人生は間違いなく一変する。有り余る時間とエネルギーを使って、本当にやりたいことをどこまでもすることができる。

なのでその第一歩を踏み出すか踏み出さないかは、人生において真に決定的な出来事なのではないでしょうか。

で、踏み出すためにはどうしたらいい？　私が熱くお勧めするのは、まずは服を9割減らすことである。服を減らすことは、自分を見つけること。欠点も美点もある自分をまるごと認めて、その自分を自分で愛し生かしてあげること。それができれば、あなたはもう何も探さなくていい。ここではないどこかではなく、今ここを存分に楽しめば良いのである。

・台所編

さて、いよいよモノ捨ても最終段階。洗面所まわり、洋服……と来て、最後のターゲットはここだ！　台所であります。

実は「台所の断捨離」は案外語られることがない。断捨離中とおっしゃる方のほとんどは「服」の断捨離に取り組んでいるということは前に書いたが、そうでなければ大体「本」の断捨離。台所の断捨離とは、そもそも取り組む人が非常に少ないのである。

実は、熱く紹介させていただいた世界のこんまり様の名著『人生がときめく片づけの魔法』でも、台所の片付けについての記述はほとんどない。

それにはちゃんと理由があって、こんまり様は「残すか捨てるかの判断がしやすいもの」から始めていけば片付けは成功すると説いておられるんだが、そこで示される具体的な順番によれば、台所用品が登場するのはほぼ最後尾。すなわち台所用品とは、「片付けに半生を捧げてきた」こんまり様の経験値から見ても、最も「残すか捨てるかの判断がしにくいもの」と認定されているようなのだ。

ちなみにその順番によれば、最も片付けやすいのは「服」、ついで「本棚」「書類」と続く。ってことは、世の多くの人が服や本の断捨離に励んでいるというのは、ある意味正しい行動なのであろう。

「台所の断捨離」が語られぬわけ

で、そんな中。私はおそらく日本でも数少ない、この台所の「大断捨離」をやり遂げた貴重な生き証人である。これも繰り返し書いてきたように、会社を辞めて収納のない家に引っ越したという事情によりそうせざるを得ず、結果的に貴重な存在となってしまったのである。

で、その立場から言わせていただく。

まず一つ目。

これまで解説してきた「洗面所まわり」と「服」のスーパー断捨離は、すでに書いたように、行動が過激だった割には、結果として我が人生が激変することはなかった。身だしなみやオシャレを諦めるなどということにはならなかったんである。

だが台所は違った。大断捨離を敢行した前と後とでは、食生活は一変した。どうってことないどころか、どうってことありまくり。なので、もし自分もやってみようかしらという人がいたとしても、特に家族持ちは要注意である。よほどピッタリ価値観が合う家族でない限り、無理にこのようなことを推し進めれば深刻なモメ事の種になる確率は高い。

そして二つ目。

確かに万人にお勧めはしない。しかし私に関していえば、この想像したこともなかったオドロキの生活が大変に気に入っている。

なるほど実はこれこそが最高の生活だったんだと目からウロコのハッピーライフを満喫。元の生活に戻りたいとは全く思わない。つまりは台所の断捨離という前人未到の大事業をやり遂げて人生が一変したことを心の底から喜んでいることは第2章にも書いたとおりである。

何はともあれ、まずは私が台所のものをどのくらい捨てたのかを書く。

ちなみに私は元々料理マニアだったので、それまで住んだ家は「クロゼットが広いこと」に加えて「台所収納が充実していること」が絶対条件。ゆえに新居の台所の狭さは本当にショックだった。シンクとガス台の下、そして壁に小さなもの入れがあったものの、ざっくり言って、収納スペースはそれまでの4分の1といったところ。となると、鍋だの食器だの食材だの調味料だの、全てひっくるめて4分の3は処分しなければならない。

美味しいものが食べられなくなる!?

4分の3……。

これは、えらいことだ。

これが服であれば処分したところで心が痛む程度だが、台所用品を処分するということは、早い話が「今まで当たり前に食べていたものが食べられなくなる」ことを意味する。

鍋や調理器具や香辛料を処分してしまったら、圧力鍋で炊いたモチモチの玄米ご飯、大鍋でゆであげるアルデンテのスパゲティ、小さなセイロで蒸しあげた餃子、フードプロセッサーで作る高野豆腐とニンジンのそぼろ、エキゾティックな香辛料を使って作るアジア料理……みたいなものを食べる日はもう二度と来ない。いやいやそんなことってあり？　いくら会社を辞めたからって、自力で好きなものを作って食べることすらあきらめなきゃいけないなんてあんまりではないか。

食べることは間違いなく日々生きるエネルギー源である。それが削られるとなれば、我が幸せの相当な部分がざっくりとえぐり取られるような気持ちにならずにいられなかった。

そこまでして生きながらえる人生に一体何の意味が？

そう。これこそが、台所の断捨離がメジャーにならない理由ではないだろうか。それをやってしまうと、あまりに人生の根本的なところに影響を与えすぎてしまうのだ。失うものがあまりに大きすぎる。それはいくら何でもやりすぎと思うのが当然であろう。

でも追い込まれた私には他に選択肢はなし。結局以下のようなことになった。

まさに貧乏長屋の台所？

まずは、調理道具。

・鍋……小鍋と小フライパン一個を残して、全捨て
・調理家電……全捨て
・おたまやヘラなどのキッチンツール……しゃもじ一個残して、全捨て
・カトラリー……箸二膳と、スプーンフォーク一個ずつを残して全捨て

続いて、調味料類。

・調味料……塩、味噌、醤油を残して全捨て
・香辛料……コショウと唐辛子とカレー粉を残して全捨て

まさに江戸時代の貧乏長屋の台所である。

ってぃうかそれは当然で、まさしくそれをモデルとして何を残すかを決めたのだ。これが何を意味するかというと、私はこれから、江戸時代の貧乏長屋のような食生活を生涯続けるということである。上記の「残したもの」を見ていただければわかると思うが、これで作れるものといえばまさに「ご飯、味噌汁」。あとは、おひたしや煮物などの簡単地味な惣菜。私はそんなものだけをこれから死ぬまで食べ続ける人生を送ることを断腸の思いで決断したのである。

しつこいようだが、モチモチ玄米ご飯もアルデンテも蒸したて餃子もエスニックもなしである。

いうまでもなく、このような人生の一大事をやすやすと決断できたわけではない。ウジウジ悩み、がっくりし、何度も気持ちがぼきぼきと折れた。でも最後になんとか自分を納得させることができたのは、以下のように気持ちを整理したためである。

もしご馳走が食べたくなったら、つまりパエリアとかアルデンテのスパゲティとかコロッケとかがどうしても食べたくなったら、店で食べれば良いではないか。これまではそのようなご馳走を自分の力で作れることを誇りに思って生きてきたが、餅は餅屋。ご馳走こそ、その道の専門家が作った最高のものをいただけば良い。

そうだよ。これまで毎日ご馳走を食べることを目指して生きてきたが、物事にはハレとケというものがある。日常はケであって良いではないか。その「ケ」があるからこそ、たまの「ハレ」がより嬉しい。これからは、そんなふうにメリハリのある食生活を新たにスタートさせるのだ。私は決して負けたわけでも惨めなわけでも転落したわけでもないんだー！

と、無理やり自分を納得させたのだった。

で、現実にやってみて一体どうだったのか。

普通の食卓、やめました！

美しいレシピ本、あるいは動画サイトなどを見て、あーこれ美味しそう！　これも食べてみたい！　と、毎日違う世界のゴチソウやら、絶品ナントカやら、無限ナントカやらを作って食卓にズラズラ並べる――それはもはや現代日本の「ごく普通の食卓」であります。ってことで、来る日も来る日も「メシ・汁・漬物」を食べて生きていると言うと、すごい勢いでドン引きされる。どこぞの宇宙人あるいは不審者でも見るような……ということを、この7年間何度繰り返してきたことか。

必ず言われるのが、コレ。

「それって……飽きません?」

うん。わかりますよ！　確かに飽きるとすれば考えただけで辛そうだ。もちろん飽きたとて餓死するわけではないが、だからといってドウデモいい問題かというと全くそんなことはない。辛いことばかりがはびこるこの世の中で、日々美味しいもの、好きなものを食べることは万人に残された数少ない希望だ。それを、餓死しない程度の最低限のものだけをボソボソ食べて生き続けるなど、まるで何かの刑罰のようではないか。

で、実際どうなのか？　という話であります。

それは、予想もしていなかった新たな世界への入り口であった。

「ノリ」一つで大コーフン

最初に起きたことは、毎日の「ケ」の食事が、飽きるどころか、逆に「おおっ」

という楽しみで満たされ始めたということである。

というのは、献立が地味すぎるがゆえに「ちょっとしたこと」が全部「おおっ」になるのだ。わざわざ外食など行かずとも、この「メシ・汁・漬物」に一品を加えただけで「おおっ」となるのである。

で、この一品っていうのが、ノリ、とか、納豆、とか、大根おろし、とか、そういうものなのですよ。そんなものが全部「おおっ」。よく考えればそれも当たり前で、「空腹は最大の調味料」って言葉があるが要するにそういう類いのことである。毎日春巻だラザーニャだタイカレーだ鳥のカラアゲだエビフライだとめくるめくご馳走が日々取っ替え引っ替え食卓に並んでいればノリが出てきたってなんとも思わないでしょうが、っていうかノリなんぞ地味すぎて出番すらないでしょうが、毎日おかずは「漬物」とくりゃ、ノリなんて出てきた日にゃあ、あらまあ、なにこの鼻の穴が膨らみまくるような香りは？　なにこのいい感じのパリパリ？　なにこのご飯との絶妙のマッチング……？　っとなるのである。

　こうなってくると、肉屋で買う揚げたてコロッケとか、豆腐屋で買うがんもどきなんてことになれば、異次元のお祭り騒ぎ。

つまりはですね、私、当初は単に、これからは「ケ」と「ハレ」を分けるのだと考えれば「ケ」の地味な食生活も耐えられるはずと思っていたんだが、そんな次元の話じゃなかった。「ケ」こそが「ハレ」を生むのだ。「ケ」なくして「ハレ」なし。これまでは毎日がハレだったので、ハレはハレでもなんでもなかった。単なる当たり前として日常に埋もれていた。それが、日常の中に「ケ」を作り出したことで、高価でもなんでもない世間のフツウの食べ物が、そして自分の中でもまるっきり軽視あるいは無視していた食べ物が、次々と私の中で絶大なる「ハレ」の食べ物と化したのだ。

なんでもゴチソウ、なんでもアリガタイ。

いや……これってめちゃくちゃお得ではないか！

さらにこうなってくると、これまでは様々な情報を集めて電車に乗ってレストランなどにいそいそと出かけて「美味しいもの」にありつこうと努力し続けてきたわけですが、そんな必要もない。何しろノリでコーフンしている身となれば、歩いて2分の町中華で食べるギョーザなんぞ食べた日にゃあ、その思い出を胸に半年生きていけるほどの満足感である。あまりに嬉しそうにギョーザを食べるので、すっかり町中華のおっちゃんに気に入られ、ニコニコと見守られながらハフハフとギョーザを頬張る至福ったらない。ってことで超近所に行き付けの名店ができるわ家事は楽になるわで　これ以上の「美味しいこと」なんてないと思う今日この頃。で、それだけでも大革命だったんだが、コトはそれだけじゃあ終わらなかったんである。

永遠に続く「美味しい生活」

最初のうちこそ、そのような「ハレ」にいちいちウキウキしていたんだが、この食生活を続けるほどに、むしろハレよりもケの食事が自分の中でウキウキの対象となってきたのだ。

今、食べ物の中で何が一番好きかと問われれば、それは間違いなく「メシ」である。日々食べている玄米ご飯。これが他のどんなご馳走よりも、心の底からわくわくする食べ物だ。

もちろん、これまでもご飯は嫌いってわけじゃなかったが、美味しいもの、好きなものといえば当然「おかず」の話であって、ゴハンはゴハン。好きとか美味しいとかいうものの対象外であった。

でも今はもう間違いなく「ゴハンが好きだー」と声を大にして叫びたい。

ちなみに、次に好きなのは「味噌汁」で、その次に好きなのは「漬物」である。

つまりは私が何が好きって、今や、日々のケの食事が何よりも好きになってしまったのだ。

もちろんここにノリが加わると「おおっ」とは思うが、それはあくまでご飯を引き立てる脇役として、うんキミなかなかいい仕事してるじゃんという話であって、なくてもそれはそれで全然ＯＫ。さらに、これがノリならまだいいが、自分が主役であるかのように勘違いしがちな脇役となると（例・ステーキ）、ややありがた迷惑である。なぜって脇役のおかげで大好きなご飯のうまさが霞んでしまうのが「もったいない」んである。

ってことはですよ。

これが何を意味するかというと、私は永遠の「美味しい生活」を完璧に手に入れたのだ。

だって、「メシ・汁・漬物」が、食べれば食べるほど好きになる。そしてこんな粗末な食事なら、世の中がどう変わろうが、仕事がなくなろうが、相当なレベルでモーロクするまで、自分の力で無理なく作って食べることができるに違いないのである。

つまりは私は世の人の大方の予想を大きく裏切って、日々ご馳走を食べる暮らしを潔く諦めた結果、むしろ日々この上ない究極の「ご馳走」を、心から満足して食べる日々を死ぬまで過ごすことが決定したのであります！

なんという皮肉であろう。今や、ＳＮＳで美味しそうなレストランやら素敵なホームパーティーの映像やらがいくら流れてこようがつゆほども心を動かされることはない。みんな良かったね。楽しんでね。頑張っているネ。でも私は今で十分。今が十分。そう心はどこまでも静かな湖面のごとく……。

「今ここにあるもの」の美味しさに気づけるか

こうなってみてつくづく思うのは、人というものが持つ能力の限界と可能性だ。

例えば、そもそも「美味しい」って何なのだろう。我らは一体どういうものを「美味しい」と呼んでいるのだろうか。

私はこれまで、ずっと「美味しいもの」が大好きで、それを食べるための努力を惜しまずに生きてきた。でも台所の大断捨離で「美味しいもの」を作れなくなった結果、一体何が起きたのかというと、美味しいものはなくなったわけでも何でもなくて、これまで全く気づいていなかった「美味しいもの」を次々と発見することになったのだ。

それは全て、今ここにある当たり前のものだった。

例えば、きらびやかなおかずをたらふく食べた後に「シメ」で食べる程度のものだった「ご飯」も、「メシ・汁・漬物」生活となれば堂々たる主役となって躍り出てくるわけで、そうなってみたら、あれ……？　ご飯、うまいじゃん！　今まで全然気づかなかったけど、っていうか気づく気もなかったけど、いやー、歯ごたえといい、控えめながらふくよかな甘さといい、なんか嚙めば嚙むほどめちゃくちゃ美味しいんですけど！　ということになってきた。

で、いったんそうなると、次第にご飯の全てがプラス評価の対象となった。普通の鍋でテキトーな水加減で炊く玄米ご飯はいつも会心の出来とはいかないが、何しろご飯がメーンだから多少硬かろうが「まずい」などとジャッジしている場合じゃない。今食べるものは泣いても笑ってもこれであると観念してよくよく噛んでいれば、「それはそれでそれなりに美味しくなってくる」のである。

つまりは私は今、自分の内にある「美味しさを感じる力」をどこまでも深掘りしているのだ。掘れば掘るほど、どんなものの中にも美味しさがあるということがわかってくる。食べられるものは、どんなものであれ全てがその中に無限の美味しさを秘めているのである。

本当に自分が心から美味しいと思うものは、他のどこでもなく、自分の舌の中に、自分の心の中に、つまりは「今ここ」に存在していたのである。

モノじゃなく自分の可能性に気づく

食べることに限らない。

これまでも縷々《るる》書いてきたように、私にとって、自分が幸せになるためにせっせと手に入れた身の回りのモノたちを思い切って手放すことは、全て、自分の中にある「幸せになれる力」を見つける行為であった。

掃除道具を手放し、服を手放し、調理道具や調味料を手放すことで、自分の暮らしがちゃんと自分の手に負えるようになった。その結果、何はなくともきれいな部屋で、何はなくともおしゃれを楽しみ、何はなくとも美味しいものを食べる力、つまりは何はなくとも幸せに満足して暮らすことのできる力が、全てすでに「自分の中」に備わっているのだと心の底から気づくことができた。

これを永遠の安心と言わずになんと言おう。

そう、かのこんまり様も言っておられます。

部屋の片付けなんてさっさと終わらせたほうがいい。なぜなら片付けは人生の目的じゃない、本当の人生は片付けた後に始まるのだからと。

私も大いに賛同します。自分らしい人生を心ゆくまで生きるために、まずは余分なモノを捨ててみよう。

モノが与えてくれるかもしれない可能性を捨てることで、自分の中の新たな可能性を掘り起こす。それは生まれ変わるような体験だ。どん詰まりのように見えていた世界に確実に風穴をあけ、自分の価値を再発見する行為だ。

少なくとも私はそのことを経て、自分の人生を迷いなく歩み始めることができた。荷物を減らし、身軽になってどこまでも歩んでいく。モノは有限だが自分の可能性は無限である。

私のラク家事メモ⑧
結局最後は宅配弁当？

評論家の樋口恵子さんが、主婦にも「調理定年」というものがあるべきだと書いて共感を集めているそうだ。

上野千鶴子さんとの対談本『人生のやめどき』（マガジンハウス）によれば、同年代の友人からもらう年賀状に、82歳くらいから「あんなに好きだったお料理がこんなに億劫になるとは思わなかった」という文面が増えたのを見て、「男も80になっても働けと言われると嫌になるように、女の調理も80になってもやるのはつらいもの」「自発的に調理定年を設けるしかない」と主婦向けの雑誌に書いたら次々と支持が集まったという。

なるほど。確かに我が母の老いを目の当たりにして改めて思ったのも、料理というものがいかに大変なプロジェクトかということだ。歳を重ねれば「やりたくない」「できない」時が来るのはよくわかる。

で、樋口さんはどうしているのかというと、週2回宅配弁当をとるようになって本当に助かっているとのこと。同様の人は多いようで、高齢読者の多い新聞を読んでいると、大きなスペースに宅配弁当の大広告が花盛りである。

私もいつかは、こういうお弁当を食べる時が来るのだろうか。

実は、そのことにかなり怯えている。

どの広告を見ても私の食べたいものがないのだ。いや決して「不味《まず》そう」「なんか味気ない」などということではない。逆である。どれもこれもあまりに「ご馳走すぎる」のだ。

例えば先日の広告では「熟練の料理人が監修！　本格的な味わい」の宅配おかずセットの写真がずらりと出ていた。「牛肉じゃが」「ヒレカツ卵とじ」「デミグラスハンバーグ」……毎日違うご馳走のオンパレード。でも私、一汁一菜生活がサイコーと思っている身。見ただけでお腹いっぱい。月に一度ならありがたくいただくが、毎日これとなれば拷問である。

ちなみにこのセット、「一人分でも手の込んだ料理が食べたい」「バリエーションョン豊富な料理を楽しみたい」人にオススメとあった。なるほど私に向いてないのは当然だ。だって私「一人だろうがなんだろうが手の込んだ料理はごくたまーに食べれば十分」で「ワンパターン料理を楽しみたい」人なのである。

そう考えたら本格的に怖くなってきた。ラク家事万歳などと喜んでいたら、いつの間にか世の中とすっかりズレてしまっている。「みんなが食べたいもの」は「私の食べたくないもの」になっていた。これはかなりマズイ事態なんじゃないか。だってそれこそ80を過ぎて料理ができなくなったら、私は何を食べて生きていけばいいわけ？　想像するに、宅配弁当に限らず、老人ホームなどで出てくるご飯も似たような「ご馳走」に違いない。だってそれが現代老人のメーンストリームなのだ。ああこんなところに粗食ライフの落とし穴があったとは！

……と考えていて、ハッとした。

そんなに怯える必要なんてないんじゃないか？

そもそも私のような食生活では料理はさほど大変じゃない。っていうか全く大変じゃない。メシを炊き味噌汁を作るだけなら、普通の人（手の込んだバリエーション豊富な料理を楽しみたい人）が82歳で料理がキツくなるとしたら、私は90歳くらいになってようやくキツくなってくるんじゃ？

というか、90を過ぎたら食べるものもさらにミニマムになっているはずで、ならばそれなりに自分でできることはありそうだ。味噌汁が作れなくってもメシだけなら炊けるかもしれない。となれば、メシだけ食って生きる。それも炊けなくなったら粥《かゆ》を炊く。粥ならば、水加減が重要な飯炊きと違ってたっぷりの水に米をテキトーに放り込んで弱火で煮れば良い。そうなるともはや病人食だが、それだけ老いていたら病の一つや二つ身につけているはずである。ならばそれでちょうどいいんじゃないだろうか。

こうして日々粥を食べ、最後はそれも作れなくなり、食べられもしなくなり、徐々に飢えて動かなくなって死んでいく。悲劇としてニュースになってしまう恐れもあるが、死んだ後どう評論されようがもう死んでいるのだから気にすることはない。

……なんていうことが実際にできるかは別として、そう考えたら今のやり方で大丈夫なんだとちょっと希望が湧いてきた。

それに、これは本当に悲劇なのだろうか。

長生きの時代とは、死に方に迷う時代でもある。

特養ホームの常勤医、石飛幸三さんは、死への準備をしている体にはそれにふさわしい栄養と水分があれば十分で、食べられなくなったからと胃ろうや点滴で栄養を与えるのは苦痛を与えるだけと訴え続けている。

「私はそれまで（身体の）部品修理屋で、老人でも死なせちゃいけないってやってきた人間ですからね、それが芦花ホーム（特別養護老人ホーム）に行って、自然に最期を迎えるってこんなに楽にいけるのかって驚きました。食べなくなって夢の中に入って、眠ったまま……これは自然の『麻酔』ですよ」「要するに人間の最期の時にはね、食べたいと体が欲しなくなりますから、もう食べないんです。食べなきゃ眠るだけなんですよ。それで、眠ったまま平穏に逝けるんですね」（季刊富良野自然塾「カムイミンタラ」２０１９年冬号より。倉本聰さんによるインタビューに答えて）

無論、これはまもなく死を迎えようという高齢者の最期に関しての話である。

でも、私は思うのだ。我らはいつかは死を迎える。誰もがまっすぐに死へ向かって歩き続けているのである。ならば、死ぬ直前に限らず、ある程度の年齢になれば「まもなく死を迎える準備」をスタートしても良いのではないだろうか。で、それが「いつ」なのかは、自分の体に聞けば良いのではないだろうか。

そのためには、日頃から「体」に注意深くなることだ。「アタマ」でばかり考えているとつい欲が勝ってしまう。本当はそんなに食べたいわけでもないのに、若い頃食べてきたようなゴチソウを食べ続けないと負けた気がしてきたりしそうである。それはもしかすると、自分で自分に、本当は必要のない高栄養の点滴をして死を苦しくする行為と同じじゃないのかとも思える。

そう思うと、ラク家事を始めて本当に良かったと思うのだ。体の動く範囲で「本当に必要なもの」だけで生きること（＝ラク家事生活）が身についていれば、体が動かなくなれば、その範囲で生きれば良いと自然に思うことができるのではないだろうか。そうして最後はミイラのようにカラカラになって死ぬ。それを人生の究極の目標としたってよいのではないだろうか。

9　死ぬまで家事

老いた父の悩み

認知症になって家事ができなくなり、日々混乱の中を格闘し続けた母が亡くなって7年経ち、今度は一人暮らしになった父が鬱々とし始めた。

もともと趣味の多い人である。会社を定年退職する直前からアマチュア合唱団に入って定期的に本格的なコンサートにも出て、高校の同窓生が定期的に集まる会の世話役も買って出て、気の合う仲間で難しい本を果敢に読む「読書会」のメンバーでもある。生前の母は「お父さんはいつも家にいなくて私はほったらかし」と嘆いていたが、母が亡くなった後も父が気丈に一人暮らしを続けることができているのは、その長年培った趣味のおかげであることは間違いない。

それを思うと、「老後の生きがい」をコツコツと意識的に築いてきた父はすごいなあと思う。高齢化時代の鏡といえるかもしれない。

ところがコロナで全ての活動が自粛を余儀なくされた頃から、歯車が狂い始めた。長くこもっていたせいか足腰が弱くなり、体力の限界を理由に合唱団の一つをやめざるをえなくなった。他の活動も再開しようとするたびに、コロナの波がやってきて思うに任せない。ケアマネさんの紹介で通い始めたデイサービスで、歌を皆で歌ったりハンドベルで合奏したりすることを楽しみにしていたのであよかったとホッとしていたのだが、近頃ではそれにも気が乗らない様子。

理由を聞くと、「すごく良くしてもらっているけれど、結局はこっちが主体的に何かをするわけじゃない」「何から何まで向こうが準備してくれる。ありがたいけれど、それだけだと生きている意味がわからない」という。

「生きているだけ」に何の意味が？

いつも前向きな父の暗い告白に、思わずドキリとする。なるほど心の問題は一筋縄ではいかない。会社員を引退してからも趣味に交流に勉強にと「主体的に活躍」することを追求してきた父にとって、老人福祉という「与えられたこと」に生きがいを見出すのは、いざとなってみればどうしようもなく空《むな》しいことなのかもしれない。

父はきっとこう言いたいのだ。

「ただ生きているだけ」の自分に、一体何の意味があるのか？

そしてその父の苦しみは、実は誰にとっても他人事ではないのではないだろうか。人の役に立つことができず、尊敬も尊重もされず、いわゆる「社会のお荷物」のような存在になってしまったら……？　それは現代を生きる誰もが「それだけは避けたい」と恐れている事態だ。ますます効率化が叫ばれる世の中で、そんなふうに「ただ生きているだけ」なんて、ダメなこと、何の価値もないことだと、いつの間にか誰もが当然のように考えるようになっている。

だから老いも若きも皆必死になって、自分はそんなダメな存在じゃない、自分は「何者か」であり「世に必要とされる存在」なのだと証明すべく、日々擦り切れるほど頑張っている。人生は頑張り続ける永遠のゲームのよう。それだけでも十分キツイが、さらに恐ろしいのは、どれほど頑張って輝いたとて、いずれその恐怖は、年を重ねればどんな人の元にも必ず訪れるということだ。人生の最後にもれなくそんな恐怖が付いてくるなんて、何ちゅうひどい話だと思うけれど、それが現実なのだ。誰だって最後の最後は「ただ生きているだけ」の存在になっていく。勝ち逃げはない。もちろん私だってそうだ。

私はその時、何を思うのだろう。体も頭も衰えて、もちろん本やコラムも書けなくなり（今だってギリギリです）、となるとこれといって何ができるわけでもなく、相変わらず一人ぼっちで、ヨタヨタして、でもただ死んではいないというだけの存在になった時、日々生きていくことにどんな意味があると私は思うのだろう？

で、ハッとしたのだった。

私には家事がある!

私は「ただ生きているだけ」であっても、自分にできるであろう楽しいこと、やりがいのあることを思い浮かべることができたのだ。

例えば……。

いつもの小鍋でご飯を炊くこと。

残り物のジャガイモと乾燥わかめで味噌汁を作ること。

汗臭い下着やシャツをタライでじゃぶじゃぶ洗って干すこと。

絨毯《じゅうたん》をホウキで掃いてたくさんホコリを集めること。

……そう、私には家事があるではないか!

そうだよ「生きているだけ」と言ったって、実際のところ人はただ「生きているだけ」じゃすまない。誰だって息をしている限りは生活していかなくちゃいけないわけで、家事すなわち炊事洗濯掃除はどう転んだって死ぬ瞬間まで自分あるいは誰かがやらざるをえないのである。

で、私はその「やらなきゃいけないこと」のいちいちを「楽しい」こととして思い浮かべることができた。

いずれも社会から評価されるわけでもお金が儲かるわけでもなく、ただやらなきゃならん面倒なだけの作業。でも私は、誰がどう言おうとソレを掛け値なく楽しいと「思える」のだ。私はこのような認識を持つことにまんまと成功した。心の革命を成し遂げたのだ。そして素晴らしいことに、この我が楽しみのタネは、私が生きている限り尽きることはないのである。

つまりは私はこれから年をとってできないことだらけになっても、いつだって「ただ生きているだけ」に満足できる可能性が高いってことなんじゃないでしょうか？

いや私……なんか、すごい地点まで来てしまったんじゃなかろうか。

ラク家事が教えてくれこと

結局、「ラク家事」に目覚めた私が学んだ最大のことは、「自分で自分の面倒をみることができる」ということこそが、最高なんだってことだったのだと思う。

ずっと、そんなふうに考えたことはなかった。というかその発想そのものがなかった。むしろ「誰かに自分の面倒をみてもらえる」人間のほうがエラい、あるいはラッキーなんだと信じていた。

それにそもそも、自分で自分の面倒をみるなんて「できるはずない」と思い込んでもいた。それはあまりにも膨大すぎるミッションだった。あれこれ欲しいもの、やりたいものは無限に存在し、そのために膨大な便利な道具やイケてる服やら雑貨やらを買い込み続ける人生はそれだけで目が回るほど忙しくて終わりがなくて、そんなの自分の面倒をみることなど月に行くことと同じくらい困難なプロジェクトXだった。

でもこれまで縷々書いてきたように、いろいろあってそんな「華やかな暮らし」を泣く泣く削り込まざるを得なくなり、そうしたら自分で自分の面倒などいとも簡単にみることができた。月まで行かずとも、我が幸せの全ては、今のこの小さな家の中に、そして自分の中にあったのだ。窓から見える青い空、白い雲、大きな木、鳥たち、木漏れ日……これ以上何が必要なのだろう。月旅行を夢見てそこに行けない自分を残念に思って生きるヒマがあるならば、キュッキュと窓を拭いてピカピカにすりゃ良かったのだ。

お金も、特別な能力もいらない。ほんのちょっとした決意さえあれば、ただそれだけで十分な幸せを私は私の力でちゃんと手に入れることができる。その事実そのものが、とてつもなく大きな安心と幸福だった。私は無力なんかじゃなかった。私は自分の力で自分の幸せを作り出すことができたのである。

そうか。私は自分のことは自分でできるんだ。

それができることそのものが私の幸せなんだ。

人生はちゃんと「手に負える」んだ。

それまで考えたこともない、とてつもなく大きな発見だった。

そうだよこれからもずっと、その幸せを手放さぬように生きていけばいいんじゃないだろうか。つまりは「自分のことを自分で面倒をみきれる範囲」で、ラクに家事をやりきれる範囲で生きていけば良いのではないだろうか。

ハッピーに死んでいく道筋

そう、この「身の丈の幸せ」を知った私には、これから自分がどのような道をたどって老いていけばいいのか、その道筋が具体的に見えてきたのである。

これからどんどん年をとって体力気力ともに衰えてきたならば、それに見合うように、どんどん暮らしを小さくしていけば良い。家を小さくし、食べるものも簡素にし、着るものも絞り込んでいく。あの江戸の貧乏長屋の人のように、将来は四畳半の部屋で、洗いやすくて乾きやすい一着（例えば布一枚とか）を必要に応じて洗いながら着て、相変わらずの一汁一菜を、いずれは一日二食、最後は一食にして暮らしていけば良い。

そのように自分の衰えに合わせて、自分の暮らしもどんどんどんどん小さく小さくしていった先に、消えるように死んでいくことができたなら、私は最後まで自分で自分の面倒をみて、ポツンとひとりぼっち、でも恨みもツラミもなく「生きててよかった」と思いながら死んでいける気がする。

もちろん、これは本格的な老いや死を迎える前の人間の妄想にすぎない。いざ本当にシビアな老いに直面した時には、きっと想像もつかない様々な困難が待ち構えているに違いないとも思う。「還暦前の若造が何を甘いこと言っとるか」と言われれば全くそのとおり。

だとしても、「自分で自分の面倒をみれる範囲で生きて行く」「衰えるほどに暮らしをどんどん小さくしていく」という、来るべき日へ向かってのザ・ロング・アンド・ワインディングロードがくっきりと見えたことは、人生後半戦を迎えた今の私にとって、掛け値なく希望そのものなのであります。老いも死も「自分の手に負えるもの」に思えてくる。手に負えるものならば、それほど恐ろしいものではないように思えてくる。

いやはやこんな地点まで来ようとは。でもこの地点まで来ることができて本当に良かったよ！

生きているということは不思議で、面白く、素晴らしい。だって、あんなに嫌いだった家事に人生を救われたのだ。そんなことが本当に起きるのである。

それを思うと、この世のあらゆるものにはまだまだ尽きせぬ可能性があるのかもしれません。嫌われても嫌われても追いかけてきて大切なことを教えてくださった家事様のご恩を決して忘れず、家事に救われたこの人生を死ぬまで元気に生きていく所存であります。

おわりに

総理、家事してますか？

（ラク家事えみ子、政治経済を語る）


もし、私が総理大臣だったなら――。

最大の政治課題として、まず家庭科教育の充実・普及を図るネ。

大人から子供まで、性別にかかわらず、誰もが自分の身の回りのこと、つまりは炊事洗濯掃除をちゃっちゃとできるようになる、つまりは自分で自分の面倒をみるノウハウを全世代に！

……冗談でもなんでもなく、結構真面目な話である。

だってもし、多くの国民にそんなスキルが当たり前に備わる日が来たならば、今のニッチもサッチもいかない数多くの難しい問題は、どれもこれも自然にスルスルと解決できるはずなのだ。

だって長時間労働も格差問題も少子化も老後不安も、どれもこれも大元をたどれば、結局は「お金がなきゃ人生どうにもならない」「でも十分なお金が手に入りそうにない」という矛盾と不安からやってくるものである。でもその矛盾と不安は、ある意味もうどうしようもないこと。だってそういう時代なんです。高度成長時代みたいに誰も彼もが目をキラキラさせてモノを欲しがった時代は終わった。それは環境問題解決のためにはむしろ歓迎すべき行動変容である。だがそれゆえにモノが売れず、ここ30年平均賃金はほとんど上がっていない。そして、たぶんこれからも上がらない。

——考えれば考えるほど出口はどこにもない感じである。

でも絶望なんかする必要はないのだ。

要は、お金などそんなになくとも、今も将来も安心して幸せを手に入れる「手段」を誰もが持てれば大丈夫なんじゃないでしょうか。さすれば個人の不安も、そしてお国が抱える数々の難問も、スルスルと溶けてなくなっていくのではないでしょうか。

もちろん、その手段とは家事である。家事以外に何があるのかと私は言いたい。何しろ家事なんて、誰だって「その気」になりさえすればできる。元手も小難しいシステムも特別な才能もいらない。これほどノーリスク・ハイリターンな投資があるだろうか?

なのに現実は、この「今ここにある至宝」に気づかず、現実に絶望し将来を悲観している人がどれほど沢山いることか!

ってことは、逆に言えば、我らの社会はまだまだ「のびしろ」がたっぷりあるってことでもある。何しろ日本人の半分くらいは家事をやっていないのだ。これぞ「今ここにある鉱脈」ではないか!

……ってことに、世の中のエライ人たちはちゃんと気づいているのかしら?

だって今のエライ人たちときたら、家事問題を抜きにした経済対策、すなわち穴の空いたバケツに水をくむようなことばかり考えているようにしか見えない。

皆お金に困っているからと、いくら借金でバラマキをやったってダメなのだ。そんな一時金ごときで国民の不安はなくなるわけじゃないからどこまでも借金が増えるだけで問題はこじれる一方。それに、そもそもそんな返せる見込みのない借金で

「お金があるふり」なんてしている場合じゃないんである。医学の進歩で、国が支えねばならない高齢者は増えるばかり。つまりはあらゆる側面から見て、我らは今もこれからも「お金がすごく必要」なのに「お金がない」。そのシビアな現実から目を逸《そ》らしたって何も解決しない。

ってことで、現実的に考えて、今必死になって探さなきゃいけないのは、「お金以外」の我らを幸せにしてくれる資源・鉱脈の発掘なんじゃないでしょうか？　その発想なくしては、これからの我らの社会はどこをどうやったって行き詰まることは自明の理だと私は思うのですが、いかがでしょうか、総理。

……などと妄想質問をしていて、ふと思ったのだ。

総理大臣とか日銀総裁とか大企業の社長とか、つまりは我が国の経済の舵《かじ》取りを担うエライ方々は、もしかして、家事をやっていないんじゃないだろうか？

そうだよだから、この難題を救うスゴい鉱脈（＝家事）に気づくことができないんじゃないだろうか？

いやいやいや、それは実に深刻な大問題である。ということで、真面目な話、彼らに、ぜひともこう聞いてみたい。

「家事、やってますか?」

本当に聞いてみたいな。誰か聞いてくれないかな。もしやっていないとしたら、その人自身が、おカネ以外の幸せの手段を持たぬ人ということになる。この時代にそれは誠に気の毒なことで、勝手ながらその方々の老後が心配である。そして何よりも我が国の先行きが心配だ。自分の問題も解決できない人が、なぜ国民の問題を解決できるだろう?

しかしまあそれはそれとして、エラい人が動くのを待つまでもなく、この幸せのタネは誰だってその気になれば今すぐ自分で身につけることができることであります。

生まれてくる時代や環境を選ぶことは誰にもできないけれど、どんな状況に置かれても誰だって自分で自分を幸せにすることができるし、そう信じられることこそがこの混沌《こんとん》とした現代のリアルな希望だと私は思う。なので、総理も含め、この困難な時代を生き抜こうと奮闘する全ての人に、改めて熱く呼びかけて締めくくりとする。

「レッツ家事!」

本書は、ウェブサイトcakes（ケイクス）に連載された
「家事をやめる」（二〇二一年六月～二〇二二年二月）に
大幅に加筆修正し、再構成したものです。

装丁　杉山健太郎
写真　山本あゆみ

稲垣えみ子（いながき・えみこ）

一九六五年、愛知県生まれ。一橋大学社会学部卒。朝日新聞社で大阪本社社会部、週刊朝日編集部などを経て論説委員、編集委員を務め、二〇一六年に五〇歳で退社。以来、都内で夫なし、子なし、冷蔵庫なし、ガス契約なしのフリーランス生活を送る。『魂の退社』『もうレシピ本はいらない』（第五回料理レシピ本大賞料理部門エッセイ賞受賞）、『一人飲みで生きていく』『老後とピアノ』など著書多数。

家事か地獄か

最期まですっくと生き抜く唯一の選択

二〇二三年五月二十五日　第一刷発行
二〇二三年七月　十　日　第三刷発行

著　者　稲垣えみ子
発行者　鉄尾周一
発行所　株式会社マガジンハウス
〒一〇四－八〇〇三　東京都中央区銀座三－一三－一〇
書籍編集部　☎〇三－三五四五－七〇三〇
受注センター　☎〇四九－二七五－一八一一
印刷・製本所　株式会社リーブルテック

 ISBN978-4-8387-3241-8 C0095